愛情，不只順其自然

亞瑟——著

目錄

CHAPTER 3

主動、被動，不如好好的互動——妳所不知道的吸引技術

CHAPTER 4

把妳和他的步調兜一起——不同的關係時期該做的事

前言——

「談感情如果用了心機、一直考慮作法，那麼這段感情是不是就不真實了呢？」有幾年的時間我一直思考著這個問題。

小時候我一直認為，真正的愛就是接納彼此的一切、接納真實的對方，所以當我在感情裡遭遇不順、對方因為我的某些行為或個性而離開時，我都覺得很不公平，因為我認為自己願意接受對方的一切好與壞，為什麼對方卻不能同等的對待我呢？

在經歷了一些慘痛的失敗經驗之後，不想再受傷的我進入了與所謂「真心談感情」完全相反的極端——透過包裝與操作，來讓對方喜歡上我。

這個作法很順利，非常順利，長達九年的時間裡，我在吸引上不曾碰過壁。隨著大量經驗的累積，以及越來越細膩的手法，我從一開始的心驚膽戰，到後來變成對任何狀況都胸有成竹，這是過去的我想都不敢想的境界。

即便收獲的回饋如此的好，我也建立起「這個人不是不喜歡我，只是現在還沒喜歡我」的信心，但我的內心深處，仍然不喜歡我自己。當初那個因為害羞內向、不懂說話的自己，在搞懂了一些原由之後，感情突然就變得一帆風順，不禁讓我懷疑，透過這些方法所達到的吸引，是不是真正的自己？對方喜歡的究竟是我，還是只是我所呈現的樣貌而已？

我的疑問，也是很多人的問題——談戀愛到底該不該想這麼多？不斷的思考細節，或是表現方式，是否會破壞愛的純粹？**感情不就應該順其自然嗎，為什麼要這麼費盡心思？**

從不會到談戀愛，到擅長談戀愛、從不喜歡自己，到喜歡自己，再到思考這些問題，整個學習戀愛的歷程總共花了我十五年的時間，最後我得出來的結論實在很平凡：「感情真不真實跟花了多少時間思考方法、跟技術一點關係都沒有。」

我們都想得太多了，沒有人會說一個用計算機來工作的會計不認真上班、愧對他的薪水，因為計算機只是一個協助人們更順利方便的工具，沒有什麼投機取巧的問題。在感情裡的小小心機也是如此，它沒有什麼良不良善，就只是個技能，只是看當事人使用它的立意是什麼。**思考自己的呈現方式跟感情的真實性也沒有任何的關係，不同的呈現方式，只是為了讓人們的心意能夠更正確的被傳達而已。**

每件事都存在著細節，感情尤其是如此。同樣想表達關心，不同的方法給人的感覺就不同，當然也會造就不同的結果，而**一段關係最後會變成怎麼樣，全都是由這些細節所構成的。小至一個眼神的閃爍，大至一個故事的鋪排，甚至完全相同的表達方式，只是時機的不同，都會影響雙方的感受，這就是所謂的細節。**

但我們曾經花過多少的心力去思考這些問題呢？在感情裡，我們究竟是花比較多時間在思考「對方現在的狀況還好嗎？他需要被怎麼樣對待？」，還是只是在想「為什麼我做了這麼多，對方還是不接受我」？

不知道妳有沒有過這樣的經驗：遇見了一個很不錯的男生，對妳很好，但妳就是不喜歡他，甚至妳也努力著想要喜歡上他，但卻徒勞無功。對於這個狀況，妳也感到很可惜，但就是沒辦法。

這就是沒有思考細節，但擁有很好的心意的典型狀況。這種現象也不會只發生在男生身上，我認識很多「人很好」的女生朋友，都苦於缺乏對細節的了解，所以總是沒辦法吸引到心儀的對象，只能眼睜睜看著心儀的男生被她們口中的婊子騙，就像男生只能看著喜歡的女生被渣男欺騙一樣。

當我們執著於自己的感情是否真實、拼命地想證明它有多純粹，其實就不是為了對方思考，而是為了自己——也就是說，所謂的「真實的感情」，只是我們用來粗暴地把自己的感情模式強塞給對方的藉口。如果我們真的在乎對方，那麼會想的根本不是自己的感情有多真實，而是「對方這樣會覺得舒服嗎」？

只要別人無法接受妳的感情，就算妳的愛再怎麼純粹真摯，那又如何呢？最後不就是妳痛苦的癡纏，對方難受得回絕嗎？如果純粹地愛著一個人就能令妳感到喜悅，那麼當然沒關係，問題是妳做得到嗎？

感情絕對不是只有技術，否則那就是在執行任務，但感情也不能只有滿腔熱血，否則很容易就變成一廂情願。**用心談戀愛、真心喜歡對方固然是最重要的，但能**

不能用對方也欣然接受的方式來傳達、讓對方面對妳的感情時也感到喜悅，就是為什麼要了解細節、懂得呈現方式的原因了。

如果妳本身就是個很懂方法的人，也知道怎麼曖昧調情，那麼這本書能幫上妳的，一部分是讓妳更有意識地知道要做的事有哪些，而不是只依賴本能，由自己當下的狀態好壞來決定。另一部分則是讓妳知道，或許對方並不是不曾喜歡妳，只是妳的內在所導致的一些狀況，讓對方無法選擇和妳在一起。

如果妳認為自己並不懂得怎麼和男性相處，也不知道要怎麼吸引對方，那麼這本書裡提到大量的關係思考邏輯和細節層面，將會讓妳有很大的收獲。我在學習戀愛的過程中，身為一個不斷和女性相處的個體，我非常清楚女性展現哪些行為是有用的、哪些行為是會令人卻步的。這些經驗再結合上多年的教學心得，讓我得以把難以解釋的原理和作法，以最容易理解的方式來呈現。

這本書的內容，不僅包含許多阻礙人們往理想目標前進的內在邏輯、迷思，也概括了**天生擅於戀愛的女性們所沒意識到的本能**。它們多半被人們稱之為「感覺」、

「直覺」，以及理所當然的行為，但這些抽象的說法，並沒有辦法讓缺乏經驗的人理解，所以我的工作，就是將它們化為能夠理解的語言，然後教給妳。

我深信所有人都該是自由的，不論在任何地方，戀愛當然也是。人們之所以在戀愛裡不自由，要不是因為不喜歡自己，就是因為沒有足夠讓自己的想像兌現的能力。怎麼喜歡自己，我在《為何戀情總是不順利》裡用了整本書的篇幅來說明。現在，我想用一本書的時間，來告訴妳如何在擁有健康的心態之後，能夠完整的將自己天生的魅力，用對方能夠理解與接受的方式呈現。

「談一場美好的戀愛」並不是某些人的特權，如果妳想要讓自己在戀愛裡自由，不再被動地將幸福的權利交在空泛的命運安排或對方手上，歡迎妳閱讀這本書，並且練習實踐裡面的內容，這絕對是除了拜月老以外，妳最該做的事。

CHAPTER

1

在你們的故事展開以前

——心態建立

當妳認為所有人都會對妳的行為產生議論、
妳害怕自己被人看不起、妳怕自己的主動沒有結果、
妳擔心自己真心換絕情……，
當妳有這許許多多看似是針對別人的敵意，
實際上是對自己的「不夠好」所產生的擔憂時，
就會被恐懼給綁架。所以，卡住妳行動能力的，
並不是「外界眼光」，而是妳對自己的看法。

「主動＝隨便」？男人其實需要主動的女人！

在AWE所有教學內容裡一直強調一件事：「心態很重要」，而這點也在多年的學生回饋中得到證實——不管當事人擁有多豐富的技術和知識，只要心態和觀念裡，有一些地方出了問題，都會影響到別人的感受。

曾經有學生跟我說過：「亞瑟，如果不是你一直讓我去做尋找自己價值的事，三個月前的我，即使知道讚美別人就能讓人開心，我也做不到。因為我會覺得是不是稱讚了對方，就表示我不如他來得好。」

這就是一個心態影響技巧的例子，而且類似的案例，還真不少見。有非常多的人，尤其是女性，來找我們的原因並不是因為不懂得該如何和異性相處，更多的問題是「在面對某些情況時，**我即使知道也做不到**」。

所以在「心態建立」的章節裡，我首先要做的事情，是先讓妳明白一些不同的觀念，讓妳可以試著從不同的觀點來思考「感情」這回事。或許妳會發現自己並不是不擅於吸引，而是有些地方一直過不去。

在亞洲社會裡最常見，但同時也是對女性要達到戀愛自由最沒幫助的：女人不能主動。

我至少聽過上百個女生說過：「如果我很主動，他會不會覺得我很隨便？」、「如果我太主動，他會不會覺得沒有挑戰感？」、「如果我主動，那他會不會覺得我很沒行情？」、「可是大家都說女生不能主動，那我遇到喜歡的對象該怎麼辦？只能等他來追我嗎？如果他不來追我怎麼辦？」

對，這些顧慮都是我們常聽到的「社會言論」，許多人因為自己的觀念和經驗說出了這些話，而妳也深深地相信，但問題是，真的要妳癡癡地等待對方有所行動，妳又做不到。之所以會有這麼多人糾結於「到底能不能主動」，就是因為人們既害怕別人產生不利於自己的負面觀感，又不甘於被動等待，畢竟沒有人知道這個人是不是錯過就不再。所以人們不斷在輿論和渴望之間掙扎，始終不知道自己該顧慮別人的眼光和想法，還是努力拼一把。

但歸根究柢，這個妳所害怕的「主動」到底是什麼呢？到底要怎樣才算「主動」？而「女生主動」真的有這麼糟嗎？

妳的主動，是讓男人走向妳的助力

如果看過我們之前出的《是男人沒有眼光，還是妳不懂得發光》、《戀愛力》這兩本書，應該多少對於「主動」這件事有點概念，知道我們所謂的「主動」跟世俗所謂的「倒貼」是兩碼子事——一般人們說的「主動」，指的是女生們很誇張的行為，例如每天照三餐問候男方、自願去對方家裡洗衣煮飯打掃甚至上床、不管對方如何都任勞任怨甘之如飴永不放棄……等等。

而我們提倡的「主動」指的是：**由妳發起且妳有意願的，給予對方讓他能靠近妳的訊號。**只要符合這個定義，不管妳的行為再怎麼微小，即使妳只是看了對方一眼笑了一下，或是請對方幫妳拿一下飲料，都算是主動。

為什麼這樣就算主動呢？因為重點其實不是由誰來開啟這段關係，而是這段關係必須要有一個人先做些什麼才能開始，所以妳要做的，並不是直接到對方面前說：「先生，帥哦！」而是**讓對方知道妳並不排斥他的靠近，甚至是樂於見到這件事的發生。即使沒有任何人發現是妳主動的也沒關係，只要最後「讓兩個人開始連線」的目的達到了，是誰主動根本不重要。**

但妙就妙在，人們即使知道這個概念，也明白這並不困難，往往還是會因為自己心裡有什麼東西過不去，而無法做到。

在我們的課程中，有一堂課是讓學生們練習和男助教擦身而過，並且對他放電。每次到了這個環節，課堂的氣氛其實都蠻有趣的，因為男助教們總是會面有難色的說出自己的想法，而學生們總是一臉詫異。學生們以為自己在放電，但助教們的回饋往往是：「我覺得我好像有欠她會錢，好恐怖」、「奇怪，她幹嘛一直瞪我，我剛一直在想我是不是有惹到她」、「很像鄰居阿姨，蠻親切的，但應該沒人想跟鄰居阿姨交往吧？」、「這很像隔壁班同學在走廊上碰到，沒什麼太大的感覺」……，學生們認知裡的「放電」，在男助教的眼中都很莫名其妙，好一點是讓人覺得友善（但也僅止於此），糟一點則是讓人想逃，很少有人一開始就能做到讓男助教覺得：「好像我是個很不錯的人，所以妳多看了我一眼」。既然他們沒有感覺到自己被當成一個異性般看待，自然也不會特別想要以一個異性的身份去和對方相處。

大家都知道，要吸引人絕對不是用討會錢或是鄰居阿姨的眼神，但為什麼學生們還是會不由自主地做出這樣的表現呢？先撇除當事人跟自己的身體連結度低這個原因（那屬於「知不知道自己如此表現」的範疇）。我們會做出某件事，都是基於某種內在原因，而會讓人出現防衛（假裝不在乎或是用非異性姿態也是一種防衛）、攻擊、挑釁、戒備、冷漠……等等樣態的，都是心裡對於自己和對方的預設。當我們恐懼被傷害，就會率先做出預防性的行動，而這些行動就是防衛性姿態。

如果我們是走在街頭，的確無法確保每個擦肩而過的陌生人是否心懷不軌，但在課程的教室裡，每個人都知道助教是為了讓自己練習而來，既然這是一個已知足夠安全的環境，那為什麼還是會產生這樣的姿態？最主要的原因就出在**你對自己的認知**——如果當事人無法認同自己的價值，就會**為了預防自認為的缺點被攻擊，而採取防衛**，差別只在於是攻擊性防衛還是被動保護性防衛。

當我們把這點套用到關係的其它部分，整件事就一目瞭然——**人們因為先不認同自己，所以認為別人也會如此。為了避免對方作出令自己受傷的反應，那麼不如不做，或是採取一個讓自己不會受傷的姿態來應對這些情境。**

當妳認為所有人都會對妳的行為產生議論、妳害怕自己被人看不起、妳怕自己的主動沒有結果、妳擔心自己真心換絕情……，當妳有這許許多多看似是針對別人的敵意，實際上是對自己的「不夠好」所產生的擔憂時，就會被恐懼給綁架。所以，卡住妳行動能力的，並不是「外界眼光」，而是妳對自己的看法。

人們總是在害怕那些可能會發生的不好後果，或許是因為以前有過不好的經驗，才恐懼著相同的事情再度發生（關於這個現象，請參考我的另一本書《為何戀情總是不順利》），但這些恐懼把妳給卡住了，讓妳無法去做自己想做的事、沒辦法去嘗試各種不同的可能性。當恐懼大於對關係的渴望、害怕受傷的心情大於可能得到的快樂，那麼不管什麼樣的作法，都會讓妳直接連想到糟糕的結果，以致於做什麼都綁手綁腳、想做什麼都怕這怕那。

為什麼這麼多女生在感情裡總是要等別人主動？因為不敢啊！怕丟臉啊！怕碰壁、怕自作多情啊！當我們在關係裡總是只想著自己、不斷恐懼自己的不好會被發現、擔心自己會被討厭，那就是把自己的安全感和價值感，擺在「雙方的關係」之前。我們害怕只要主動了，自己就變得沒價值、對方就不喜歡自己，所以我們吝於給別人價值感，也不願意讓別人感到安全，因為我們認為安全感在男女關係這場角力裡，簡直像疫情肆虐中的口罩一樣稀缺，只要對方擁有了，就是對方佔了上風，相對的，我們就會落居下風處任人宰割。

但奇妙的是，女生又總是希望男人要有源源不絕的勇氣，可以披荊斬棘的突破所有困境來追求自己。可是男人也是人啊！也怕被拒絕啊！**對男人來說，女生的主動是一種安全指標**（後面會講到主動的程度），它讓人知道：「對方不討厭我，我如果靠近她，也不會被告性騷擾」，同時也會因為女生的主動而感覺到「對方可能也覺得我還不錯」，因此更有「想主動做點什麼」的動力。主動並不是讓男人必定來追妳的關鍵，但它絕對是重要的助力，它會讓對妳本來就稍有好感的男性更能積極的採取行動，而不是因為不斷觀望妳的態度而變得退縮。

「如果對方覺得很安全，那麼我就危險了」是個非常荒唐，但確實存在於很多人心中的想法，否則就不會有這麼多人即使在進入交往關係後，還來跟我說：「我覺得我比較愛對方，我想要他多愛我一點，或我不要那麼愛他。」

但安全感、價值感不像石油一樣會挖完，也沒辦法量化，它是一種每個人相信自己有多少就有多少的東西。沒有人能夠拿著存簿看出自己現在剩多少安全感，我們只能憑著對方的一舉一動，以及我們對自己的感覺，來增減安全感的存量。所以很多人才會認為，只要喜歡上對方，自己的得失心就會變得很重，還是不要陷進去得好。但這兩者根本沒有關係，這個對象只是觸發妳「安全感不穩定」這個事實的媒介，而不是成因。只要妳一天沒有意識到「沒安全感跟妳對自己的看法有關」，不管妳換幾個對象，都一樣不會有安全感。

那要如何有安全感呢？在人際關係裡要獲得安全感最簡單的方法，就是主動，越主動的人越有安全感。安全感跟主動性是互為因果的，有安全感的人相對主動，而**越主動越容易產生安全感，因為能採取主動的人，比接收方擁有更多的選擇權。**

一般我們都會認為，選擇權掌握在接收方身上，因為接收的一方擁有拒絕的權利。但**主動方不僅擁有主動能力，同時也擁有維持現況和拒絕的選擇。**

什麼意思呢？我們來剖析一下被動方的選擇有哪些：一，接收；二，拒絕。沒了。那主動方呢？一，主動；二，不主動（即維持現況）；三，對很多人主動；四，拒絕對方的回應。讓我們套用個現實例子吧，當妳請人喝飲料，對方只能選擇收下或不收下，但妳可以選擇要請、不請、請別人，跟對方想收下的時候，告訴他妳已經喝掉了。當妳有主動能力，就意味著妳擁有比對方更多的選擇。

所以如果妳對一個人示好，對方不領情時，妳可以怎麼做？一，繼續示好，不管對方回應；二，不再主動示好；三，對其它人釋出友善；四，當對方想回來跟妳示好的時候不理他。

看懂了嗎？這就是為什麼我說主動方能有更多安全感的原因——只要妳具備主動能力，那妳的選擇就永遠比對方更多。

主動並不是搖尾乞憐，非要對方給妳回應不可，它是一種給予，給予對方有「接受」的這個選項，如果妳不給，那對方就沒有半個選擇了。妳之所以主動不是因為一定想要對方的愛，而是想讓一段或許不錯的關係有一個進展的機會，所以妳給了對方足夠的安全感，讓對方選擇是否要展開行動。如果對方沒有接受，那麼妳大可不再主動，或是把對他主動的力氣，拿去對其它人好一點。即使最後對方反悔了，又跑回來找妳，妳也可以翹著二郎腿決定要不要理他。

所以從現在開始，妳的腦袋得轉個彎，以前世俗條規告訴妳的「主動就是隨便」、「女人要矜持」，通通把它揉成一團丟到垃圾桶！人們會這樣說，全都是因為誤會了主動的意思，以為主動就是倒貼、就是送上門。錯！主動是為了把握先機，是為了讓別人感覺自己是被喜歡的、是不會被傷害的。主動並非「不矜持」，而是把「擁有幸福」的權利掌握在自己手上，不再被動等待天菜從天而降，或霸氣總裁開車撞到自己。

綠燈給到對方願意採取行動即可

既然要把「擁有幸福」的權利拿回來，那我們就要釐清，到底要做到什麼程度的主動才足夠？

基本上，妳只要主動到**「讓對方累積足夠行動的安全感」**就可以了。

每個人的安全水平線不同，有些人天生膽大，妳多看他兩眼、對他笑一笑，他如果也對妳感興趣的話，就足以讓他展開行動。妳有沒有在路上遇過推銷或請妳填問卷的經驗？如果妳平靜地看他們一眼，甚至不需要友善，也不需要微笑，他們就會黏上來，對吧？這就是主動性高的類型，他們只要感覺到「這個人不會傷害我」就夠了；有些人生性謹慎，妳可能需要先開口跟他說話，或是主動靠近他，才能讓他感覺到足夠安全，例如比較客套、待人嚴謹的同事，因為害怕得罪人或是擔心自己會錯意，所以他們的動作就是會比較慢。因為他們的安全水平線更高，所以除了需要感覺到「這個人不會傷害我」之外，他們還得確保「我不會讓對方產生反感」，才會採取行動。

一旦過了安全水平線，人們就會因為確定自己是安全的，變得敢追逐自己的欲望，在這裡，欲望指的就是關係。

這個「讓對方累積安全感」的行為，我們稱之為「給出綠燈訊號」。任何能傳達出接收、同意、允許、附和的，全都屬於綠燈訊號，因為它讓人覺得自己是安全的、可以前進的。而代表拒絕、抗議、冷漠的，則是紅燈訊號，它讓人感到的是危險，不要前進或是被排斥。

所以女性的主動，其實就只是**先給**對方綠燈訊號而已，不用想得太複雜。有時候甚至在別人主動的時候，妳沒有給予拒絕的訊號，就已經算是足夠的綠燈了，至於如何透過不拒絕來給予綠燈，後面的章節會有更詳細的說明。

我想讓妳知道的，並不是女人一定要變得超級積極主動才會受歡迎，而是妳要知道主動有什麼好處？跟妳之前想得有什麼不同？為什麼妳對於主動做些什麼總是裹足不前？我的目的不是為了要妳變成什麼樣的人，而是讓妳能夠選擇自己想做什麼樣的事。無論妳選擇主動或被動都沒有關係，重點在於，妳是不是有足夠的能力可以為自己想要的做出選擇，不論那個選擇是什麼。

✦主動是為了把握自己的幸福。

✦不敢主動是因為擔心別人如何評價自己。

✦人們在有足夠安全感的情況下才會行動。

不以條件看別人，妳會更有自信！

大部分的人找對象都會看條件，這是很普遍的行為，但為什麼我會要妳別以條件看別人呢？

這跟什麼現不現實、勢不勢利，其實沒有太大的關係，最大的原因是：**一旦妳用條件衡量對象，就會非常容易陷入自信心不足的情況。**

如果我們是用條件在找對象，那麼基本上，一定是認為條件越超標的越好。而我們開的條件，也絕對不會是什麼太簡單的門檻，至少我沒聽過有人開的條件是「無前科」、「可養活自己」、「可自行移動」這一類的。大多數的人都是開出「年薪百萬以上」、「身高175以上」、「學歷碩士以上」、「家境小康，最好有留一間房子」、「存款200萬」、「有國外生活經驗」……這類非常正面且具社會價值的條件。

既然是正面條件，當然是多多益善，可是一旦對方都符合了這些條件，甚至超越妳的想像時，下一個可能會面臨的問題是：妳會開始害怕自己是否配不上對方？他條件這麼好，會不會瞧不起妳？既然人家條件這麼好，一定還有其它選擇，妳是不是根本比不上其他競爭者？

這些恐懼在戀愛關係裡是極其致命的，只要妳開始懷疑自己配不配得上對方，妳的吸引力會直接打對折！妳跟對方的相處會開始綁手綁腳、怕東怕西，時不時就疑神疑鬼，就算最後對方跟妳交往，妳也會不斷在「擔心有女生比自己更好」的恐懼之中渡過感情生活。

為什麼會這樣呢？用條件挑對象不是很正常的嗎？容我先解釋一下，為什麼當妳用條件去看對方時，會很容易出現信心不足的現象。

在我們工作室剛成立不久時，有一件事令我印象深刻。我的課程裡有一個活動，是讓一個學生站在最前面，然後其他同學坐在下面看著他五分鐘。這五分鐘裡，在前面的人什麼事都不能做，而在下面的人什麼事也不用做，只要看著前面的人就好。

有次一個學生站完這五分鐘之後，我問他在想什麼？他說：「我覺得底下的人都在幫我打分數。」我問他為什麼會這麼想？他說：「或許是因為我都會一直幫別人打分數。」

人的所有想法都是雙向的，它不會只針對別人，一定也會指向自己。所有我們對別人的想像，都是我們自己會做的事，因為我們沒辦法想出超乎我們想像的行為來套用到別人身上，這個學生的例子正好解釋了這個現象。

同理，**當妳用條件來作為「是否要與他更進一步交流」的標準時，妳一定也會用條件來衡量自己。**當對方的條件越好，妳對自己的信心程度就會越低，因為妳對「價值」的評估，完全是來自於條件，而非「這個人本身」。同樣的，妳會認為對方也是這樣看妳。

之所以特別強調這點，主要是因為有太多女性只顧著追求所謂的「好對象」，但大部分的人卻都沒有意識到，不論男女，**絕大多數在吸引上會出問題的人，都是因為自認為跟對方有落差。**

回到我們上一篇裡講到的：妳會不敢主動，是因為沒有安全感，而沒有安全感的其中一個原因，則是對自己的認同過低。

並不是每個人對於自己的起始認同都是低的，很多學經歷不錯、外形姣好的女性，通常在與異性剛接觸的時候，自我認同都相對高，因為在她們過往的經驗裡，自己常是被追求的那一方。

但是這樣的人，一旦遇到了自己認為「條件比自己更好的對象」時，自我認同感就會瞬間下降，因為「比較」產生了。

我們可以來看看下頁圖1：

假設A基於自己的各方面條件，平時對自己的認同度是70，那麼當她遇到她認

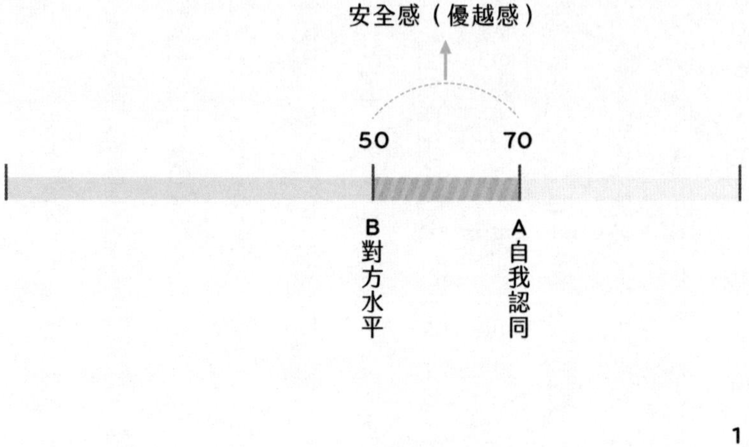

為條件只有50分的B時，就會因為中間20分的落差而產生優越感，認為自己優於對方，所以理應是對方比較喜歡自己、要來追求自己。在這種情況下，A就理所當然地產生了安全感，因為她認為自己在關係裡位居上風。

但如果A遇到了一個她認為條件有90分的C（如下頁圖2），就會因為自覺輸了對方20分，而產生自卑感。這時候的A會套用同一套理論，認為C可能會瞧不起自己、覺得自己是要更努力獲得對方青睞的一方，也就是說，此時的A認為自己在關係的

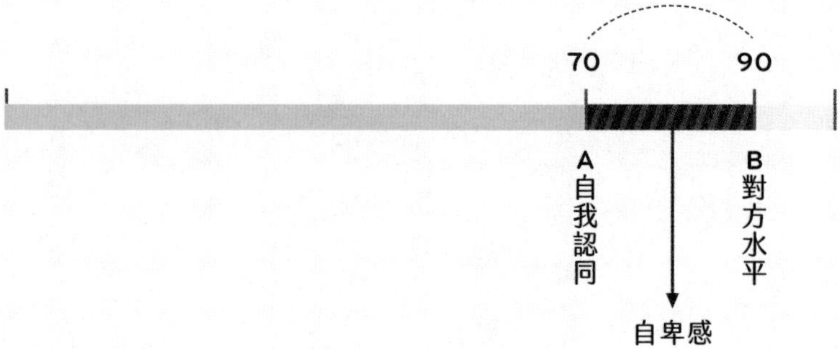

2

下風處。

這就是我常說的「自我價值外求」——妳必須依賴外界的回應及評論來確認自己的價值，因此妳根本不知道在扣除了外在條件以後，自己還有什麼值得別人喜歡的。

現在妳可能會產生另一個疑問：如果按照上述的道理，為什麼還有女生能跟條件出眾的對象交往，甚至是結婚呢？

這有三種可能：第一種可能是，妳覺得那個男生條件很好，但那個女生並不這麼認為，在她的認知裡，她配得上條件更好的，所以她和這個男生交往只是剛好，甚至是屈就。第二種可能是，兩個人旗鼓相當、各取所需。男女兩邊都把自己裝得很牛逼，但兩個人其實心裡都有點膽怯，認為對方某些條件比自己好上許多。在這種狀況下，兩個人都不會太有信心，但也不致於信心值落差太大，所以頻率對上了、彼此的需求滿足了，就搞定了。第三種狀況是，這個女生根本沒有以條件來篩選對象，只是她喜歡的這個對象剛好就是妳眼中的「條件很好」。

基本上，第一、二種的可能性對妳的幫助都不大。第一，妳不會想屈就於妳覺得其實不怎麼樣的對象。再來，遇到旗鼓相當的對象時，也只是拖延你們兩個交往後玩角色扮演的時間。這邊舉個例子給大家：我有個學生和某任前男友，就是屬於雙方條件旗鼓相當的情況，女方很漂亮，家世背景也好，男方學歷好、家境也很富裕。但即便兩個人的外在條件都這麼好，心裡還是一直擔心「對方會不會覺得我哪裡比不上他」，所以兩個人在交往期間，都努力在扮演「聰明上進優秀霸氣又大方的男友」，和「溫柔賢淑美麗可人又講理的女友」，希望透過這樣的掩飾來維持這段關係、好讓自己不被對方淘汰。但這個過程實在太累人了，兩個人長期都處在「扮演完美伴侶」的壓力之下，最終還是因為無法再繼續演下去而分手了。

所以真正能解決問題的，是第三種狀況，也就是「不以條件來篩選對象」，而是以「喜不喜歡」作為判斷標準。

條件，是比較出來的

當妳心中有著好壞區別的時候，就一定會產生比較，妳一定會去比較對方家比妳家有錢、妳學歷比對方高、對方身材比較好、妳收入比較少……等等。而這些比較不是讓妳產生優越感，就是讓妳覺得自卑，不論哪一種，對於妳的感情狀況都沒有太大的幫助。

但是當妳用「我喜不喜歡」作為判斷基準，而不是只看條件時，這些比較就會消失。

我常問學生一個問題：「你拿 iPhone 還是安卓？」不管他們回答我哪一個，我都會再問：「你為什麼要用這個？另一個很爛嗎？」這時候他們都會傻住，跟我說：「也不是，只是我覺得這個比較好用。」然後我就會告訴他們：「那就對啦！別人喜不喜歡你，就像他要用什麼手機一樣，不見得是他覺得別的手機不好，只是他比較喜歡他用的那支。」

同樣地，當妳遇到任何一個對象時，妳要想的不是對方現有的條件好棒，而是去發現，這個人有什麼**特質**妳喜歡，有什麼特質妳不喜歡？而喜不喜歡這種事很主觀，就像有些人喜歡吃很濃的日本味拉麵，有些人喜歡比較清淡的台式拉麵一樣，沒有誰比較對，就只是口味不同而已。

當然，我也沒有不食人間煙火到覺得條件完全不重要的程度，畢竟如果要考慮到長期發展，甚至是結婚生子，條件絕對有存在的必要性。所以我要跟妳說的，並不是「條件不重要」，而是「把注意力放在對方的特質，而不是現有結果上」。

所謂的條件其實就是現有的結果，例如對方學歷很好，可能純血統台大碩士，在台積電工作，這些叫作「現有結果」，也就是所有人現在用肉眼都可以直接看到的。但是，**是什麼特質構成他得到現在的結果？這才是值得注意的。**

有些人是因為很聰明很會唸書、有些人是因為很努力很堅持、有些人是因為很聽爸媽的話，爸媽叫他幹嘛他就做、有些人是因為他很知道自己想要過什麼樣的生活，所以筆直地朝著自己想要的方向前進……，每個唸台大去台積電工作的人所存在的背景及原因都不同，而這些**影響他擁有現在這個結果的特質，才會真正的影響到你們的關係。**

妳想，一個很知道自己想過什麼生活所以努力唸書的人，跟爸媽叫他唸什麼他就去唸的人，在個性上會一樣嗎？他們從本質上就不一樣啊！一個知道自己的方向，一個只會聽爸媽的話，如果你們哪天真的不小心結婚了，妳覺得會發生什麼事？知道自己方向的可能會很有計劃很有目標，只會聽爸媽話的可能會讓妳遇到婆媳問題，然後妳會覺得他就是個媽寶，雖然同樣都是條件很好，但實際上的相處結果可是完全不同。

所以「關注特質而非現有結果」，不僅會讓妳的比較消失，妳也更容易知道未來和對方的相處可能會發生什麼狀況，這些都是只看現有結果所無法達到的效果。

當然，即使只是談論喜歡的特質，也足以讓一些人貶低自己，因為她們喜歡的特質，往往都是自己沒有的，這時候她們的OS又會浮現：「哇這個人好外向好棒！不像我這麼內向……」於是比較又出現了——對方很外向很好，我很內向我不好。

這個問題要從根本上處理，無法幾句話就可以清楚交代，如果妳有興趣的話，可以看我上一本書《為何戀情總是不順利》，裡面有比較詳細的說明。但在這裡，我可以教妳一個比較直接的方法來試圖破解這個想法。

妳就在心裡想著：「X的我就是覺得他那樣很棒啊！跟我自己好不好一點關係都沒有，不管我好不好，我都可以覺得他很棒！」

當然啦，這只是個快速破解法，沒辦法真的從根本處理自信心不足的問題。

回到正題上，當妳開始越來越能只看對方的特質，而不是現在的成果時，妳就越容易把對方當成人來看。因為每個特質都有它的好壞，而那些好壞正是構成一個人魅力的分子，所以當妳越把自己當成人，也越把對方當成人，妳的比較就會越來越少，自然就越不會出現自傲或自卑的傾向。

✦ 妳怎麼評價別人，就會怎麼評價自己。

✦ 關注對方的特質而非條件，妳會更喜歡自己。

✦ 快速破解法：「我就是覺得他很棒啊！跟我自己好不好一點關係都沒有，不管我好不好，我都可以覺得他很棒！」

重視「關係內容」而非「關係形式」

在吸引裡遇到挫折的人，腦子裡不斷出現的問題通常只有一個：該如何讓關係前進？

而這個問題，只會出現在當妳希望關係可以以某種具體的形式顯示出進展的時候。

我先解釋一下何謂「形式」。我們可以把任何東西分成兩個部分，一個是形式，一個是內容。舉例來說：一幅畫是形式，裡面畫的東西是內容；一本書是形式，裡面的文字及觀點是內容；一尊雕像是形式，雕成什麼樣子是內容。同理，一段關係的名字是形式，而實際相處的感受則是內容。而所謂的「希望關係可以以某種具體的形式顯示出進展」，指的就是：妳想要關係以某種妳可以看見的樣子，來感覺它是往妳想要的方向前進的。最常見的例子就是交往。

很多人誤以為要讓關係進前的方法，就是得到一個名份，例如從約會變交往、從女友變老婆。但這些名詞只是形式上的改變，它無法代表人們實際上和對方的相處狀況。真正的「讓關係前進」，指的並不是名份上的改變，而是雙方實際上的**感情濃度**。

能讓人感到快樂、幸福的，都是相處時的感受，而不是名份，它其實沒有任何讓人產生正面感受的效果。「名份」這個形式，原本是用來讓雙方能夠定義彼此目前認知的產物（例如雙方同意彼此為自己唯一的合法伴侶），但許多人卻因為它是唯一能被看見且證實的東西，所以把它當成了安全感的來源——人們以為只要自己被定位為某個角色，就能行使一些權利、就能讓自己變得更有力量或更安全——但這其實是毫無作用的。我們可以在生活裡的每個角落，看到空有名份卻無實質意義的代表，例如被架空的公司高層不具有決策權、死撐著不離婚，但只能眼睜睜看著老公不斷外遇的女人……等等，都在向我們展示空有名份是件多麼沒有意義的事。

妳可以回想一下，在**最最最一開始**，妳喜歡上一個人的時候，是什麼樣的心情呢？是因為妳覺得對方很有趣、跟他相處很開心嗎？或是覺得對方很溫柔，很懂得傾聽和安慰人？還是對方的動作讓妳少女心爆發，聲音又好聽？不管原因是什麼，就算只是對方的某個眼神突然電到妳也好，至少都不是因為對方說：「我好想跟妳交往」才讓妳一顆心怦怦跳的吧？

這些妳喜歡上對方的過程、你們相處時的點點滴滴、對方的一顰一笑、你們發生過的每一個情節，全都叫作內容。妳之所以喜歡他，是因為在那些時候妳感覺到幸福、快樂、被接納、被愛、被保護，所以妳想花更多時間跟對方在一起、想要更了解這個人、妳想要擁有更多。

那為什麼原本很開心的妳，會漸漸變得越來越不開心呢？為什麼原本都在追求「相處」的妳，最後會開始想追求「形式」呢？

有一種情況是：當妳認為兩個人關係到了一個程度，所以想往下個階段邁進，讓雙方能夠凝聚共同目標的意識（或許是結婚，也或許只是長期單一伴侶），所以妳想要明確定義現在的關係。

但如果是這種狀況，當對方不表態，或是逃避時，妳會出現的情緒多半會是：「哦，你想再看看喔？好啊，那就再看看。」然後繼續愉快地相處。或是認為對方太龜縮，跟妳的個性及節奏不合，所以冷掉，雖然會覺得「呸」或「呿」，但不會感到痛苦。

除了上述的情形外，更普遍的是：因為妳開始擔心對方有其它選擇、對方可能會不喜歡妳，所以妳想要得到一個普世認同的形式，來讓自己感到安全。我們用下頁這張圖來解釋：

我們假定喜歡程度到達70，就會想進入交往關係。當妳喜歡對方的程度超過70，並且認為對方低於70的時候，這個落差就會成為恐懼的來源。因為妳可能會認為：「我比較需要對方，但對方沒有這麼非我不可，那我在關係裡就是弱勢的一方。」

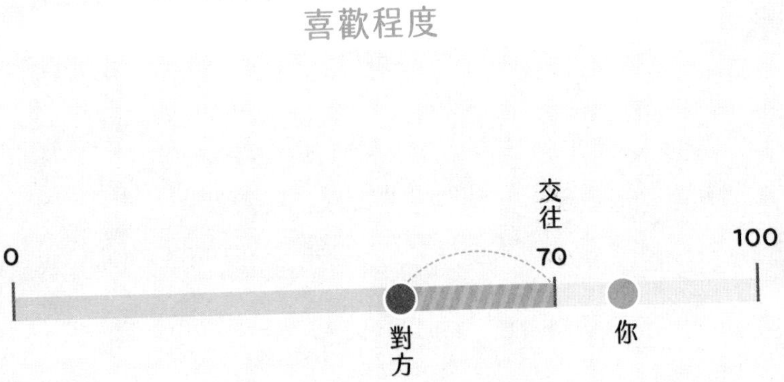

這時候妳就會開始想要交往，因為交往後妳可以合理地行使伴侶之間所存在的道德約束來規範對方的行為，同時也可以透過交往這個證據，來**安慰自己**對方其實也是很喜歡妳，用以降低妳因雙方投入程度落差過大而產生的不安全感。

一旦進入了這種狀態，人們的焦點就會集中在形式上，並且容易感到焦慮及恐慌，必須透過時時看到具體的行為及證明，才能產生暫時的安全感。**在這種狀態下，人們談的戀愛其實是不快樂的，因為我們多數的**

時間都用來煩惱跟擔心，以及想方設法地讓對方做出更多形式上的舉動，以求增加對方的喜歡或投入程度。

當我這樣說的時候，很多人都會反駁：「不會啊！我見到他還是很開心啊！只要他回我訊息我就很開心啊！」**這個不叫快樂，叫作「不痛苦」。**就像妳胃痛吃止痛藥，吃完以後不會痛了，但那只是止痛，當藥效結束後，妳又會繼續感覺到痛。當妳在一段關係裡開始痛苦時，對方回覆妳訊息、跟妳出去、做出任何令妳感到「他沒有不喜歡我」的行為，全都是止痛藥，那只是不痛了，並不是快樂。而且這些止痛藥不是沒有副作用的，它的代價就是消耗關係。

我在《從左手到牽手》裡有寫到關於男性單戀會失敗的四大主因，它也完全適用於女性。當中講到的「焦點在自己」，指的就是「注意力只擺在自己及自己的目標上，因而忽略了他人及現況」，講的其實就是追求形式以求安全，而這就是我們在痛苦時所追求的止痛藥。

只要我們開始想要透過特定形式來感覺安全和被愛，就會因為對方沒有符合我們的期待而失落、憤怒。在這個時刻，對方所有對妳付出的善意行為，都不再是能令妳快樂的奢侈品，而是只要消失就會讓妳痛苦萬分的必需品。對方也會因為感受到這層壓力，無法自由地待在這段關係裡，最後的結果就是對方越來越想逃離這段關係。

人類會基於正向感受追求內容，迫於負向感受追求形式。所以在過去，妳會因為和對方的相處令妳感到開心，而想要擁有更多的相處時間；但在妳陷入恐懼之後，妳只會因為害怕對方在妳不在的時候，和別的女人聊天、約會，甚至是交往，而拼命想得到一個「名份」，讓大勢成定局。

當我們的心中充滿恐懼，除了自保，根本沒有餘力去想到其它人的感受。我們不斷地想著自己想要的東西，卻沒注意到自己正不斷地造成別人負面的感受，也忘了在過去對方之所以願意和我們約會、積極想和我們聊天、努力把時間空下來給我們，都是因為那些快樂的內容所產生的內在驅力。**我們變得不再重視對方的心情和原動力，只在乎他做出來的行為是不是自己想看到的，那麼最後關係走下坡，也是理所當然的。**

奧修在《愛》這本書裡提到：「愛是自由。」指的就是在關係裡追求內容。只要兩個人因為在一起感到開心，自然而然就會一直聚在一起，不需要透過任何形式上的名份，將兩個人硬是綁在一起。

這些道理說來簡單，但當我們面對恐懼時，卻仍然會忘記。一旦我們怕了、慌了，就開始想在形式上下功夫，不知不覺間，腦子裡只剩下自己的恐懼和渴望恐懼被平撫的欲望，言行舉止間，無不在追求著自己的目標，再也看不見對方，也看不見彼此，如此一來，就離「讓彼此感到快樂」的目標越來越遠了。

要從重視「形式」，改變為重視「內容」，是一件很不容易的事，我自己也經歷過，我很清楚，不是妳看完這本書，下定決心說：「好！從今天開始我要重視內容！」就可以達到的。

請妳先明白這個道理，接著妳必須在平時的相處裡提醒自己、問問自己，現在的妳，是將心力著重在形式還是內容上？當意識到自己越來越在意形式時，就去感受一下自己的感覺，是否感到很不安很恐懼？接著試著安撫自己的情緒（請參見《為何戀情總是不順利》），或是直接向對方求助，告訴對方妳對現況感到不安。或許說不出來、不能馬上解決，但至少妳不需要再隱藏自己的感受。

關於自己的恐懼，永遠是關係裡最大的難題。在每段關係裡，最大的敵人永遠都不是渣男，也不是小三，而是自己的心魔，妳的情敵其實就是妳自己。

當妳了解這點之後，接下來我們所談論的技術，才開始具有意義。因為每一項技術的存在，都是為了讓妳們的內容變得更豐富，一旦內容足夠了，形式就會水到渠成。只要妳能專注於相處時的一切，要交往絕對沒有妳想像的困難。

✦名份是形式，相處才是內容。

✦人會為了快樂追求內容，迫於恐懼追求形式。

✦妳的情敵其實就是妳自己。

過多的資訊反而是不必要的！

前幾篇文章講的都是關於自身對於價值感、安全感的心態，在這篇裡，要提的是面對「事情」的心態。

或許是因為在普遍認知裡，女生是屬於比較敏感且感性的，不像男生一樣注重資料的分析及判斷，所以我鮮少看到教女生的戀愛書裡提到關於資訊判別的部分。

很多人在知道一些訊息之後，就會急著把自己代入到這些情報裡，並且因此膨脹或是沮喪。例如知道對方以前都喜歡高的女生，就因為自己太矮而認為對方一定不會喜歡自己；或是知道對方以前交過三個雙子座的女朋友，就因為自己也雙子座而感到過度興奮。當「資訊」只是用來被當作評估個人是否有勝算的依據，我覺得它的存在意義就不大，但如果是針對了解這個人、想見微知著，以及想知道這個人在意什麼、重視什麼，資訊絕對有其不可抹滅的功效。所以我想花一點時間，重新建立妳對於資訊的看法。

一般來說，我們都會覺得擁有越多對方的資訊，就越有利，因為這樣我們就可以更投其所好、更知道現在是什麼狀況，也更能判斷對方現在對我們是什麼感覺。

但事實上，這個觀念不一定成立。

資訊的意義是建立在能夠被解讀的前提上，如果當事人根本沒有解讀資訊的能力，例如戀愛經驗不多，或已經深陷一段關係之中，喪失了客觀冷靜的能力時，過多的資訊反而是一種阻礙。

很多人都因為不懂得如何解讀資訊，但又認為資訊很重要，所以收集了一大堆情報，卻根本分不出這些情報的重要性、各別代表的意涵、整體拼湊起來的意思，導致自己被過多的資訊搞得頭暈腦脹，反而連最簡單的事情都看不懂了。看不懂資訊就算了，有時候還因此誤判，或是花了太多時間企圖判讀這些資訊，搞得自己越來越在意，越來越畫錯重點，反而得不償失。

正確判斷資訊是一件不容易的事，不是需要強大的天賦，就是擁有大量的經驗，不論是哪一項都無法輕易取得。所幸，要吸引男人，即使妳沒辦法精準的判斷所有情況，還是可以完成，所以下面的教學，妳可以當作參考就好，如果妳發現自己還是看不懂，那就放棄，把注意力集中在妳的行動上，不要花額外的時間心力去思考。

要學習判斷資訊，首先妳必須具備以下幾個條件：冷靜、客觀，千萬不能在焦慮的情況下去思考，因為焦慮只會帶妳去妳恐懼的或妳想要的方向，而這些都很可能跟現實有落差。同時，妳也**不能夠以「自己會怎麼樣」來當作判斷依據**，因為對方很有可能跟妳不一樣，如果妳只能用自己去想別人，那還不如不要想。

再來妳要注意的，是妳之所以想解讀資訊的目的。很多人想判斷情況，都只是想知道「對方有沒有喜歡我」、「男生喜歡別人時會有什麼表現」，這兩個問題在google

搜尋次數裡可是高得驚人。但在這裡，我沒辦法教妳怎麼判斷這件事，因為它同時牽扯到了每個人的個別基準線、妳們的認識途徑及有沒有共同朋友或利益關係、不同情況下產生的反應，這些都非常的細節，絕非單一資訊就能解釋的，所以不管我在書裡說了多少，妳判斷錯誤的機會都很高，而錯誤的判斷比沒有判斷更糟糕，因此我們不必在這點著墨太多。

第二個不談怎麼判斷對方喜不喜歡妳的原因，則是因為我認為這是個意義不大的問題。為什麼呢？**因為不管對方有沒有喜歡妳，妳都喜歡人家**。我幾乎沒有遇過來找我的人，聽到我說：「對方沒有喜歡妳哦！」就選擇放棄。她們接下來一定會問我：「那要怎樣才能讓對方喜歡我？」既然妳根本就不會放棄，那從頭到尾都沒有必要去想這個問題，妳要想的只有「怎麼做」，不是嗎？

所以我現在要教妳讀懂的資訊，不是單純的「對，他喜歡我」或「他不喜歡我」，那一點意義都沒有，我要妳學會的，是「哪些情報對我有用」。妳只需要篩選出對妳有用的情報，其它全部都當成雜訊丟到垃圾桶，它們只會影響妳的信心、干擾妳的行

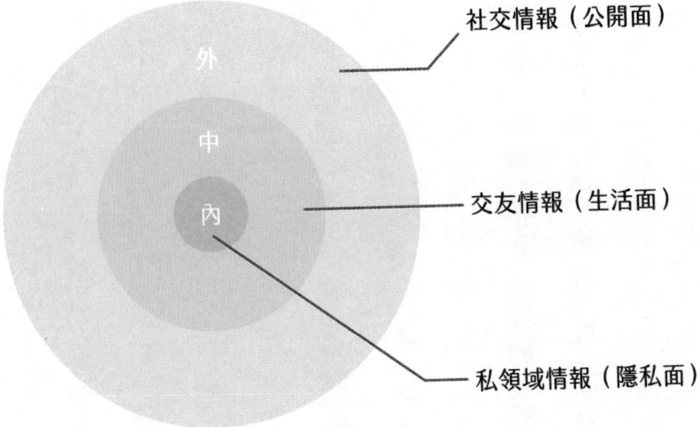

動，除此之外一點用處都沒有。因為妳所有行動的目的都只有一個，那就是盡妳所能的，把對方喜歡妳的可能性提高到最大。

不過一個人身上存在的情報量實在是太大了，我們不可能每個都問，而且有些人家也不見得想講，那究竟要怎麼挑選需要的資訊呢？

有三種情報是好問，而且對於感情有最直接相關的：一，職業；二，感情經驗；三，交友圈。

✧✧ 第一種重要資訊：職業 ✧✧

「職業」在個人資訊裡屬於外層，也就是社交情報。社交情報的意思是：即使在社交場合也可以問起，並不會冒犯到他人的個人資訊。除非對方的工作有難言之隱，否則詢問職業基本上是個安全的行為。

那我們來看看，對方的職業會讓我們知道什麼：

知道對方的職業，不是為了用來判斷對方年收入有多少。對我來說，最主要要確定的事情有兩個：**一，對方會基於他的職業產生什麼樣的習慣；二，對方會因為他的職業及生活型態，產生什麼樣的作息。**

職業的習慣和對方的態度是否偏離基準線，及可能形塑的性格有關，例如一個做業務的人，他可能基於

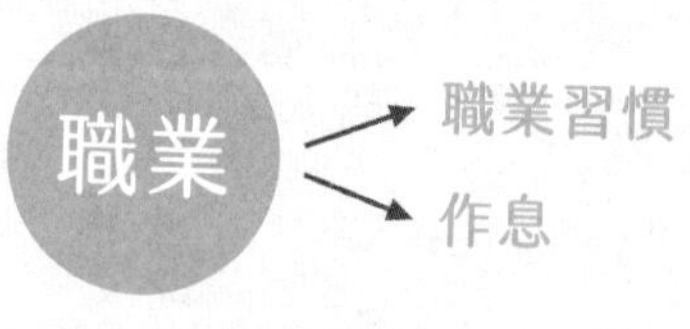

職業習慣，和每個人說話都是好聊又熱絡，如果他剛好又是做 B to C（直接銷售產品給顧客），那麼妳也不用對於他良好的回應想得太多，他很有可能對每個人都是這樣。但如果對方是個科技業輪班星人，那麼他可能平時跟別人接觸的時間並不多，相對地就很有可能不太擅長交際，所以他如果說了什麼話讓妳不高興，很有可能不是故意的，他只是太不會講話了。

上面的習慣是用來簡單判斷對方可能會出現的行為，但除了職業以外，還得加入每個人不同的個性來思考，所以如果妳怕自己想太多想不透，那就不要想，專心在「作息」的情報比較重要。

作息會直接關係到對方和妳聯絡的頻率及速度，能夠判斷出這點，會大幅降低妳無謂的煩惱，同時能精準地抓住適當的聯絡時間。

假設對方是個輪班星人，那麼他在上班時間沒有回妳訊息，絕對是件非常正常的事，因為他們上班根本不能帶手機；如果他是個住院醫生，那麼他在值班時間裡有可能很閒，但又要醒著，這時候就是個和他聊天的好時機。

除了掌握住對方的工作型態和空閒時間，妳最好也弄清楚對方睡覺跟起床的時間，目的很簡單：**逮住對方最有空聊天的時機和他對話，如果可以的話，在睡前跟他講電話**。

我看過很多學生（不論男女）跟人家的對話看起來很像**留言板**，對方傳五句訊息提了三個問題，當事人在十個小時之後用六個句子回答對方，然後再問了兩個問題，隔天對方再傳了八個句子回答，做了兩個反問……以此類推，這樣的聊天模式我稱之為留言板，完全沒有活人對話的感覺，很像網友在資訊交換。

男：妳照片裡的貓是妳的嗎？ 14:02
男：看起來好可愛 14:02
男：但妳這麼忙 14:02
男：有時間照顧嗎？ 14:03
男：我以前也養過貓 14:03
男：都沒什麼時間陪牠 14:03

22:37 哈哈對啊 ：女
22:37 她是女生～超可愛的～ ：女
22:38 代替她跟你說謝謝讚美～ ：女
22:38 是喔？你以前養什麼貓啊？ ：女
22:38 養貓的都不會是壞人（誤 ：女
22:39 你工作這麼忙喔？ ：女
22:39 家人沒幫忙顧一下？ ：女
22:40 還好貓沒有狗那麼需要人陪～ ：女
22:40 不然我家的貓一定寂寞死 ：女

（隔天）

男：原來是女生啊 10:13
男：我以前養三花 10:13
男：是公的 10:13
男：所以我不會騙人（？ 10:14
男：我自己住 沒人可以幫忙 10:14
男：所以妳不在都是家人顧嗎？ 10:15
男：妳養過狗嗎？ 10:15
男：我覺得狗也蠻可愛 10:15
男：但還是比較喜歡貓 10:16
男：那妳不在家妳的貓都不會調皮喔？ 10:17
男：我家以前的就很皮 10:17

這種留言板式交談，因為缺乏了即時回應，很難讓人覺得「自己正在跟對方聊天」，既然沒有聊天的感覺，熱度是要怎麼提升？應該沒什麼人會對一塊留言板感到心兒怦怦跳吧？

所以逮到對方最有可能回應的時機是非常重要的，至少妳們可以開始進行活人式的對話。然後請妳記得，活人式的對話有一個重點：**不要在對方回應以前，丟出兩個以上的問句**，否則會變成妳問我答。

我基本上只把能夠即時互動的時間當成交流，其它我都會當作「回應」和「知道對方活著」。妳想想，如果妳和一個朋友面對面，但每次妳講一句話，人家都過十分鐘才回妳，妳會覺得妳們聊得很熱絡嗎？還聊得起來嗎？

很多人都會有疑問：「可是網路上都教不要秒讀秒回啊！」但也不能都過很久才回啊！不要秒讀秒回指的不是每次，而是當妳在忙自己的事、參加自己的活動、跟自己的朋友玩的時候，要專注在自己的事上，不要為了對方而不顧自己的生活，這才

男：妳看起來好年輕喔 19:22

男：像大學生 19:22

男：一點都不像 28 耶 19:22

21:08 哈哈 那你幾歲？ ：女

21:08 你看起來很像理工科男生耶 ：女

21:09 你是工程師嗎？ ：女

男：我 30 啦 23:30

男：很像理工男嗎？ 23:30

男：這是羞辱嗎 XDDD 23:31

男：我不是工程師啦 23:31

男：只是做研究的 23:31

男：實驗室待久了也看起來宅宅的 23:32

（隔天）

11:55 你是做什麼實驗的啊？ ：女

11:55 電子還是生技？ ：女

11:55 台積？ ：女

男：台積太高端了 15:02

男：我進不去 QQ 15:03

男：主要是在醫院啦 15:04

會自然地造成「不秒讀秒回」的結果。而不是每次明明看到訊息都要故意忍耐15分鐘才回，好顯得自己很有行情，這樣只會讓別人覺得很難熱絡起來，**只要對方覺得妳很冷，自己好像再怎麼努力都沒辦法讓關係升溫，那妳再有行情都沒用，反正他都追不到。**

所以如果妳剛好有空，對方又剛好傳了訊息來，那妳就馬上回他，不要等！因為這是對方最有可能手上繼續拿著手機的時候，妳傳的訊息他很有可能會馬上看到，那就可以開始即時互動！

對我來說，起床時間、睡覺時間、休息時間、休假時間，這些空檔時間都是很重要的情報，這會讓我知道，如果我想跟對方互動，有哪些時間是我必須保留的。同時，也能讓我判斷對方的工作習慣（上班忙不忙、回不回訊息）。

第二種重要資訊：感情史

「感情經驗」這部分會比職業來得更加複雜。它屬於個人情報的內環，是私領域的層面，通常它較容易被介定為個人隱私，相對的也不那麼好問，但掌握這部分的資訊，絕對有其價值！

首先我會先將對方的經驗分成「喜歡過，但沒交往」跟「交往」這兩種：

「喜歡過，但沒交往」這個項目，最需要知道的，是「為什麼沒交往」。如果他有個特別念念不忘的對象，那也務必要知道他為什麼這麼喜歡人家。很多女生其實都不喜歡問對方的過去情史，怕知道了以後自己會吃醋或比較，但這件事是非常沒必要的。妳要養成一個習慣，所有的資訊都不是為了讓妳產生情緒，而是用來協助妳找到更好的攻略途徑。不管對方過去再怎麼喜歡

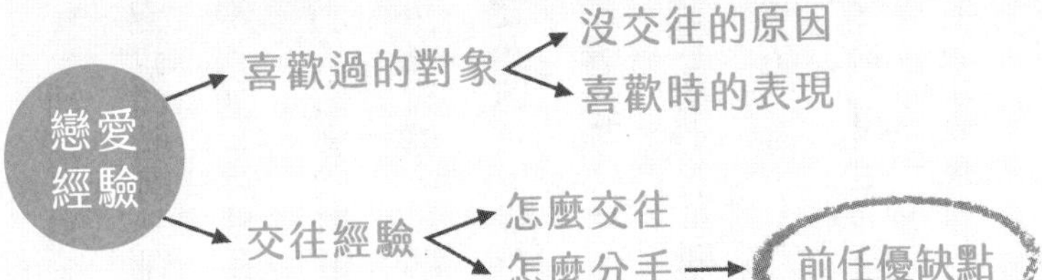

別人，那些都已經過去了，反正他們現在也沒交往，不是嗎？重要的是妳要怎麼利用這些情報，來讓妳的感情變得更順利。

「為什麼沒交往」裡面，有兩點最重要：**一，如果是對方不跟他交往，那麼這裡多半會有他自卑的痛處；二，如果是對方沒發現他的行動，那麼妳就要去確認對方喜歡時會出現什麼反應。**

關於第一點，如果對方當時沒跟他交往的原因，是因為他太窮，那「窮」就會是他的罩門，碰都不要碰！妳要讓他知道妳覺得男人最重要的是未來的發展性，而不是現在有多少錢（但如果他真的很喜歡對方的話，現在應該也不會太窮）……以此類推。如果他很喜歡人家，而且又是別人拒絕跟他交往，這個原因絕對是他心裡的痛，千萬要避開！

再來，如果是因為他拖太久或行動太微小，那妳就要知道，他在喜歡一個人的表現，很可能表現就是這麼小，那妳就不要等他丟什麼球了，每顆看起來是球的都接起來就對了。

通常會表現很微小的男生，不是因為對感情的表達本來就相對含蓄內斂，就是沒什麼自信，很害怕被對方拒絕以後會不會連朋友都當不成。所以如果妳剛好喜歡上這種男生，妳就必須給他更大量的安全感，忽冷忽熱若即若離，都只會讓他因為害怕而退縮。

還有一種要留意的情報，就是「喜歡他，但他沒有交往的」。這種通常存在的意義比較不大，因為男方不見得能說出什麼具體資訊，他很有可能只會說出：「那時候不想交」、「沒感覺」、「沒時間」、「想拼事業」這類鬼話。但如果他說出了「因為對方很煩」、「很無聊」、「很黏」、「沒交往就一直查勤」、「很恐怖」……這類跟感覺比較有相關的原因，那麼妳最好問得更清楚：「怎樣說很煩？沒事就跟你早安午安晚安喔？」、「為什麼很無聊？很不會聊天？」、「很黏？你們又沒交往要怎麼黏？」搞清楚對方之所以產生這些感覺的原因，以及那個女生到底做了什麼，這會有助於妳避開對方的地雷。

最後，如果他有個曾經很喜歡，到現在聽起來都還覺得很遺憾的對象，妳一定要知道這個人做了什麼，尤其如果這個人不是他喜歡的典型。人很容易在無意識的情況下，把經歷的情境和過去對比，所以只要妳做了類似的事，就很有可能產生回憶加權效果。

這個方法會有一個風險，妳會在極短的時間內，因為對方的回憶殺而得到大量的投射及好感，但也很有可能會被對方當成替代品。所以如果妳打算採用這個方法，或妳不小心就是長得跟人家很像，那妳一定要在後續的相處中讓對方意識到妳們並不相同，妳是妳，她是她，否則妳會發現對方開始產生不合理的期待，而這個期待裡等待著妳們兩個的，只有滿滿的痛苦。

接下來，我們來看看「對方的交往經驗」中，需要注意的有哪些？

我最重視的會有兩項：一，怎麼交往？二，為什麼分手？

在「怎麼交往」這一項裡，我要知道的是：對方都是主動的一方，還是都是被追的一方？同時我也會了解對方從認識到交往大概都花了多久的時間，用以判斷對方的類型。

一般而言，如果對方從認識到交往花的時間都不長，那麼他習慣主動的機率是相對高的，因為多數的女生不太會從一認識就非常積極而且高頻率地邀約，如果再加上對方交往的人數多，那麼我會判斷對方「還算有一套」的機率偏高。

如果對方從認識到交往的時間偏長，不管最後是女方主動還是男方主動，我都會認定男方屬於較溫吞的類型，這時候我就會確認是他想要認識久一點，還是他不敢有太大的動作。通常溫吞型的都要給多一點綠燈，讓他們比較有勇氣繼續前進。

而「為什麼分手」，則分成「女方提分手，男方被甩很難過」，跟「男方提分手，覺得不想繼續」這兩種。前者的話，我會特別注意對方怎麼敘述前女友的優點；後者的話，我會留意對方認為前女友的缺點。

大部分的人啊，不一定知道自己要什麼，但通常都會知道自己不要什麼，而討人厭的**前女友的缺點，基本上就是下一段感情裡絕對不想要的東西。**假設他的前女友很愛查勤，他下一個就會想找不太管他的；如果他前女友都會花他的錢，那他下一個就想找會自己付錢的；如果他上一次因為遠距離被劈腿，那他下一次一聽到遠距離就會怕。每次我跟女朋友分手之後，我的清單裡就會增加一些條件，也曾經出現過「能養活自己」、「不會自殺」、「身心健康」這類的血淚教訓。

所以前女友的缺點也是要避開的雷，尤其如果他們分手時間不長，妳就越能利用前女友來加權——只要前女友的缺點妳全都有相反的特質，例如前女友不愛乾淨，妳偏偏很會打掃家裡，那麼保證妳可以在這裡得很多分。

如果是女方提的分手，但他還不想分，表示女方和他的相處裡，一定有他覺得很好的部分，而這些部分就有可能成為他新的對女朋友的投射。如果妳原本不知道對方的投射有哪些，那麼現在妳就知道可以從哪裡下手了。

✧✧ 第三種重要資訊：交友圈 ✧✧

對方的交友圈屬於中層，也就是偏向交友情報，或是生活面的部分。它很難以一個具體的問題來詢問，妳不太可能說：「欸，你都交什麼朋友啊？」這種問法也蠻怪的。所以妳可以透過聽他敘述跟朋友的相處，以及「你的朋友都很愛運動喔？」這類的問法來挖掘。

在交友圈的部分，我認為最重要的事情，是讓妳有機會可以從對方的圈子裡，觀察他各方面的想法和觀念。古人說：「物以類聚」還真的是有他的道理，人類被環境影響的程度是非常驚人的。我有個朋友，以前交了個熱衷於調教女友的男朋友，而這個男朋友身邊所有的朋友，都覺得這件事是非常正確的，甚至常常互相比較誰的女朋友比較「聽話」。

當然，我們也很難說到底是圈子影響了他，還是他本來的觀念就是如此，所以才選擇了這個圈子，但妳可以確定的是，對方的觀念和他身邊的朋友相近的機率是非常高的。既然如此，妳就可以透過這點來判斷，這個人的特質是不是妳想要的？他的觀念是不是跟妳有巨大的衝突？而這樣的他，是不是妳會想繼續發展的對象？

以上是資訊的解讀技術，但最後還是要提醒妳：資訊歸資訊，人歸人，即使妳讀懂了一堆訊息，也還是要回歸到「與人相處」這點上。如果一味靠著資訊所帶來的情報去操作技巧，別人還是能感受到的。資訊只能助妳一臂之力，你們的關係最後會演變成什麼樣子，靠的還是妳自己。

◆ 三種重要資訊：職業、感情史、交友圈。

◆ 如果讀不懂資訊，就不要去想。

◆ 不要被資訊影響心情，資訊只是用來協助妳找到最佳途徑。

CHAPTER

2

女人沒察覺、男人沒說的心裡話

——為什麼以前會失敗

妳不用證明自己比別人好也沒關係，
感情這種事，不是誰好就誰勝利，人生也是。
妳一定看過很多妳覺得不如妳，
但不知道為什麼日子過得很爽的人，
這就是不用比別人好也沒關係的最佳證明。
即使妳有很多地方不完美，也會有人愛妳，
因為在這個世界上所有被愛著的人都是如此。

♥妳沒有把自己當女人

看到這個標題，妳可能心裡會想：「我有啊！我覺得自己是女人啊！誰會覺得自己不是女人？」

這裡所謂的女人，指的並不是妳身份證上印著的「女」，而是妳心裡是否認同自己身為「女人」——也就是一個性客體的角色——你能不能接受別人會對妳有性幻想、想跟妳發生性關係、而妳自己能不能在「性」之中以女性的身份感到愉悅，而不是認為身為女性，在性關係裡就是弱勢或被剝削的一方、覺得男人想跟妳上床的想法有夠噁心。附帶一提，神奇的是，大數女性在交往前覺得男人想跟自己上床很噁心，但交往後如果男人對自己沒有性慾卻會感到不安或憤怒。這是因為多數女性都將「性」視為「愛」的附屬品，不接受「性慾」屬於人類單純的原始慾望。這並非提倡人人都該解放性慾、到處上床，而是想讓妳知道，「性」本來就是非常單純的事，但人類幫它上了一道道德的鎖，才導致了許多人無法接受自己的性慾，也無法接受自己被視為性客體。一旦我們能理解「性慾」很單純，不論是誰都會擁有，那麼就能更輕易的接受自己是個女性、別人會對自己有性慾的事實。

每個人生活在世界上，都同時具有許多不同的角色。以生物性來說，每個人都是「人類」這種生物；以性別來說，生理上至少也區分為男性和女性；在家庭裡，妳可能同時扮演了孩子、妹妹、孫女的角色；在社會上，妳可能是別人的同學、同事、朋友、上司、下屬、客戶、業主、約會對象……等等。

所有人都同時在扮演許多角色，但並不是每個人都能認同自己的角色身份，最常見到的例子就是「媽媽」——當小孩長大以後，有些媽媽開始適應不良，不知道小孩不再需要自己照顧之後，該怎麼過自己的人生才好。

在兩性關係上，比較常見的現象是：把工作上的角色扮演得很好，卻不知道身為一個女性該如何是好？或很知道怎麼扮演一個女人，但卻不知道當自己扣除了「女人」這個角色，僅僅是一個「人類」時，自己有什麼價值？

在感情關係裡，最重要的角色就是「性別」跟「人」這兩種，不管性向為何都是一樣。

性別角色之所以重要，是因為它幾乎是一個**區分「對象」跟「朋友」之間有何不同**的最明顯條件。當我們對於某個人有性的遐想或欲望時，我們才會將之視為對象，這個性欲不見得是指上床，想要擁有更多的肢體接觸就算，至少妳沒事不會想摸妳朋友吧？

而「人」這個角色，則是在扣除掉性欲之後，影響我們是否能與之相處的關鍵點。

如果妳只能讓別人對妳產生性欲，那麼妳就會被定義為「女的」，因為別人除了想跟妳發生性關係以外，不會想跟妳有更多的接觸；如果妳無法讓別人對妳產生性欲，妳自己也無法接受別人可能對妳有性欲，那麼妳很有可能會把自己的性特徵去除，例如打扮中性、不施脂粉、說話粗魯……等等，這些都對於消滅別人對妳的性幻想有很大的影響力，但妳會因此而成為一個單純的「人」；當妳能讓別人對妳有性幻想，同時在性幻想沒有產生的時候，也能好好與他人相處，這時候妳才會變成一個「女人」。注意！這裡並不是說一個人打扮中性、說話粗魯就不像女生，當事人是以什麼為出發點而產生這些外顯特徵，才是重點。如果妳很接受自己是個女生，妳也很享受帥氣的打扮，那麼妳自然會有一股獨特的韻味，也會吸引到喜歡這種風格的人。

這裡指的，是許多害怕自己是個女性、擔心自己身為一個女性不會被喜歡的人，想要以中性的方式來消彌自己的女性特徵，好讓自己不用被別人拿來以一個女性的角度檢視，但心裡其實又很想被當成一個女生來喜歡，這時候才會產生上述的現象。

當然，我們也無法否認，這世界上有很多的標籤，可以輕易的讓別人產生「男性」和「女性」的刻板印象，就像妳可能不太會覺得一個穿著蛋糕裙的男生很MAN一樣，男性對於剃著光滑三分頭的女性，也比較難有性感想像。

所以為什麼對絕大多數的男性來說，T（女同志的其中一種角色）不算是女的？因為T的形象多半很中性，甚至是陽性，不太會讓人產生什麼性幻想，所以自然而然的就不會把她們當成女性來看，即使她們身份證上的性別也是印「女」。

那為什麼有些男人喜歡偽娘，就算明知道他們是男的？因為他們能讓人產生性幻想啊！這跟很多女生在就讀女校的時候會喜歡學姐一樣，很多男校的學生也會覺得同校的同學好像不錯，即使他們心裡覺得這樣不太好，但只要對方能讓自己產生性幻想，那麼他們就有可能覺得自己有點喜歡人家。

所以如果妳沒有接納自己是個「女人」，也無法接受別人會對妳產生性幻想，那麼妳就不會認為自己會被異性視為對象。當妳先覺得別人不會把妳當對象，那麼妳就只敢做朋友在做的事，最後人家就真的不把妳當對象。

要被當成一個對象來喜歡，它是必須同時結合內外之力來完成的。內在的力量就是妳要先能把自己當成一個對象，而外在的力量，則是對方對妳的投射加上投資。如果妳無法把自己當成一個「別人可能會喜歡的對象」，那麼客體本身就不存在，在客體不存在的情況下，別人就沒有可以喜歡的標的，「喜歡」的感覺也自然不會發生。

那麼投資跟投射又是什麼呢？「投資」指的是人們付出的時間心力精神金錢，「投射」則是人們的幻想。

「投資」的多寡會影響在意的程度，但那是針對長期而言。在關係初期，甚至還沒開始的時候，投資基本上沒辦法造成多大的影響，因為在極短的時間內，根本不可能累積多少投資，影響力當然就不大。（注意，這裡的極短時間指的是一次見面以內，例如出現在同一個派對。）

（與投資相反，「投射」在關係中後期時，影響力會越趨平緩，尤其在進入交往關係之後，除了造成人們的想像落空之外，投射基本上就不太會發揮什麼用處了），但在關係初期的時候，投射卻是決定這把火到底可以燒得多快多旺的關鍵。

投射分成很多種，我們可以簡單的分為：外表的投射、自我缺乏的投射、角色的投射、安全的投射，這四種。

外表的投射簡單來講，就是我們常說的「菜」。當妳的外型越符合對方的口味（口味這東西其實細講起來還有很多心理層面的因素，但在此就不多提），那麼對方對妳的初始好感度就會越高，這就是為什麼大家都覺得男人愛正妹的原因——正妹＝外型投射符合，所以初始好感度就高。

自我缺乏的投射，指的是當事人認為自己缺少了什麼，而對方擁有，就會因為羨慕而產生好感，進而認為只要自己和對方待在一起，就可以完整自己缺少的一塊。例如內向的人容易喜歡外向的人、自卑的人容易喜歡看起來很有自信的人，這些就屬於自我缺乏的投射。

角色的投射，則是指當事人對於某個角色的想像，例如女朋友、老婆。他們認為這個角色的理想狀態需要具備哪些條件，而當對方越符合的時候，投射就越強。例如一個人想要找賢妻良母、溫柔婉約的小女人，那麼當他遇上看起來越有氣質、越文靜的女性時，就越會產生投射。

最後一種安全的投射，只會常見於對自己沒有自信的人身上。這種類型的人，會去尋找最不可能拋棄自己、離開自己的對象。例如我就有看過有些人會特意去找條件比自己差的，甚至是身障或經濟短缺、亟需自己援助的對象。每個人認為的「安全」都不同，但如果妳發現對方喜歡的類型，幾乎都跟一般人所找的對象有很大的落差，而且妳真的完全無法理解，就有可能屬於這種狀況。

投射的項目都是別人能感受得到的，不然就不會屬於外在力量。但這些能被看到的東西，是由妳的內在力量帶動的，如果內在沒有動力，外在就不會顯現出任何結果。

舉例來說，如果妳先不把自己視為女人，也不喜歡自己身為女性的身體，那麼妳很難對自己做出些什麼女性化的打扮。既然妳不做女性化打扮，對多數男性來說，女性的元素就從妳身上被消除了，妳當然很難讓人產生外表的投射。

如果妳不願意被視為「女人」，那要怎麼符合別人對於女朋友或老婆的想像？妳頂多只能滿足自我缺乏的投射這一項，但又因為妳無法也不願接受別人對妳的性幻想，最終別人只會想跟妳當很好的朋友，而不是一個「對象」。最後就會變成下頁圖的迴圈：

妳可以花一點時間檢視一下，自己對於「我能被別人當成一個對象」或是「我身心都是一個女性」這件事，妳是否存在著抗拒的心態。如果妳發現自己很不能接受這兩件事的其中一項，那麼妳過去感情之所以不順利，很有可能就是在這裡出了問題。

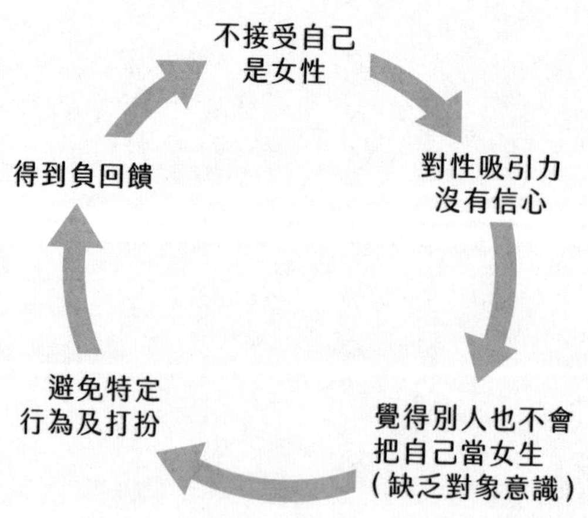

✦「女人」是身心都接受自己身為女性。

✦內在對自己的看法會影響外在的選擇。

✦性欲是正常的，別人對妳有性幻想，是因為他認為妳有性魅力。

♥妳認為自尊比關係更重要

對人類來說，價值感的重要性是不分男女的，但男女所需要的價值感呈現方式，卻不大相同。

對男性來說，價值感的來源是廣泛群眾，但對女性來說，價值感的來源則是特定對象。也就是說，對男性來說，所有人都說他很棒很帥很厲害是重要的，但對女性來說，比起一堆不知所以的人的稱讚，喜歡的人說的話才更為重要。

所以我們很常聽到有些男性打腫臉充胖子，為的就是爭一口氣，但很少聽到女人打腫臉充胖子的故事。

這顯示了對男人來說，被人覺得厲害有多重要。而被人覺得很厲害，其實給他們的感覺，就是價值感和榮譽感，講得白話一點，就叫作面子。

我常看到一種女生，會在外人面前讓男伴很沒有面子。雖然當下在場的人們都是笑笑帶過，男方可能也沒明顯表示出什麼不悅，但往往會在男性私底下的聚會裡，聽到男方的抱怨。

我相信絕大多數的人都聽過：「女人要給男人面子」這句話，而大部分的人也同意，當女人留點面子給男人，男人會更容易喜歡妳，但有些女生會說：「啊我個性就比較強勢啊！我也沒辦法。」

我以前也以為「強勢」是一種個性，那麼天生強勢的女性也只好像天生懦弱的男人一樣，承受自己在感情市場裡就是相對不利的事實。但後來我慢慢發現，「強勢」或許是一種個性，但「讓別人沒面子」是一種行為，**個性強勢跟讓人沒面子根本是兩回事。**

如果它們是兩回事，那為什麼有人沒事要削別人面子呢？這樣做對自己有什麼好處呢？尤其是在明知道留點面子給別人，對自己、對對方都有利的時候，為什麼還偏偏要這麼做呢？

那是因為對這些人來說，面子或自尊是有固定額度的，就像藥局賣的口罩一樣，如果別人拿走了，那麼自己就沒有了。他們害怕如果別人被稱讚了，那自己是不是就不厲害了？他們害怕被別人覺得不夠好，所以得透過削減別人份額的方式，來讓自己感覺安全。

人只有在沒有一個東西，但又不想承認的時候，才會拼命想讓別人覺得自己有。舉例來說，禿頭的數學老師不想承認自己禿頭，所以要留條碼頭來掩蓋自己稀疏的髮量；不是很有錢的人一直展示自己不是很貴的名牌包，想讓別人覺得他也用得起名牌；心裡很自卑的男子，到處向別人炫耀自己睡過多少女人，來表現好像自己很有行情、自己很行。

所以同理，為什麼會需要在別人面前壓制其他人，好讓自己看起來比較厲害？

那就是因為心裡其實覺得自己不怎麼厲害，但又怕被人看不起。

如果上述的狀況容易發生在妳身上，那麼妳有可能是屬於陽性能量♥比較旺盛的女性。因為陽性能量主導的關係，導致這類型的女性跟普遍男性一樣，習慣透過競爭及角力的方式，來贏得榮耀和價值感。所以只要出現讓當事人感覺到競爭的場合，她們就不是以「男人」的角度在看待對方，而是競爭對手。

誰要給誰面子其實根本不重要，真正的重點在於，為什麼妳沒辦法給人面子？

♥ **陽性能量和陰性能量**：每個人都會同時存在這兩種能量，只是在不同情況下會由不同能量主導，而普遍來說，男性在陽性能量主導的情況下會比較舒服自在，女性則是相反。陽性能量主導的反應有：給予實際資源、競爭、活動……等等，陰性能量主導的反應有：全部接收（不論實體與否，也不論好壞）、容納、情緒反饋、表達、感受……等等。在能量正常運作的情況下，男性會比較喜歡給實際的東西，例如請吃飯、在具體事項上幫忙，同時他們也喜歡良性的競爭與爭取榮耀。比起用語言來討論事情，男性更喜歡透過活動的方式來感受世界，例如玩樂器、打電動、胡鬧。而女性的部分，則是接受對方的產出，例如被照顧、被請客、收禮物，同時，她們也接受對方的感受和情緒，所以女性往往比男性更具包容力和關懷能力。女性相對不那麼熱愛活動，比較喜歡交流，所以女性喜歡聊天、感覺自己的感受，以及表達自己的各種情緒。

為什麼需要在這件事上角力？為什麼一定要讓自己在當下佔到上風？

當價值感不足的時候，人們很容易擔心自己會不會輸給別人，這種輸跟沒安全感的輸不同。沒安全感的時候，人們害怕的是對方會不會移情別戀、自己會不會被拋棄；沒價值感的時候，人們害怕的是能力或條件不如人，別人可能會覺得自己沒用、沒價值。所以如果缺乏的是安全感，那主要的競爭對手會是同性別的對象，而且比較的內容多半跟吸引力有關；如果缺乏的是價值感，那麼對象就會不分男女，通常是以情境或能力做為比較的基準。

每個人都喜歡「我很好」的感覺，所以**當妳和人相處時，不斷地讓對方感覺到「我很不好」、「妳覺得我不夠好」，那麼對方不是漸漸失去信心，就是覺得跟妳相處很不快樂**，從而慢慢和妳疏遠。就算不是男女關係，只是單純朋友也是一樣的：沒有人喜歡和一天到晚批評自己、否定自己的人當朋友。既然連朋友都會覺得不舒服了，身為一個對象怎麼會覺得無所謂呢？

要避免這種情況，絕對不是我跟妳說一句：「哎呀要留面子給男人」，或「贏了裡子，輸了面子沒關係」這種話就可以解決的。要真的能留面子給男人，除了要非常清楚自己在做什麼，以及為什麼要這麼做以外（簡單來說，就是知道自己要贏裡子，所以故意輸面子給對方），另一個方法就是妳本身就要具備足夠的自我價值感。如果妳自己的價值感足夠，自然就不需要透過外界的任何形式，來讓自己感到舒服。

妳不用證明自己比別人好也沒關係，感情這種事，不是誰好就誰勝利，人生也是。妳一定看過很多妳覺得不如妳，但不知道為什麼日子過得很爽的人，這就是不用比別人好也沒關係的最佳證明。即使妳有很多地方不完美，也會有人愛妳，**因為在這個世界上所有被愛著的人都是如此。**

當妳感覺到自己安全了，就不再需要在關係中進行角力，那麼妳關係裡的許多問題，都會迎刃而解，甚至妳會赫然發現，自己即使沒特別做些什麼，感情狀況也和以前大不相同。

✦男人的價值感來源是大眾認可。

✦關係不需要角力。

✦妳跟這世界上所有被愛著的人一樣，
不需要很完美也沒關係。

妳認為妳的快樂是對方的責任

前面說到的失敗原因第一點：「沒有把自己當女人」，導致的是對方根本就不會把妳當對象，關係從頭到尾都不會開始；第二點「妳認為自尊比關係更重要」，會導致某些人無法跟妳繼續深入交往，或是不想帶妳和自己的親友聚會。

而第三點「妳認為妳的快樂是對方的責任」，則很有可能讓妳在面對異性緣好的男性時，直接把一手好牌全部打爛。

我們先來說說什麼叫作「妳認為妳的快樂是對方的責任」吧！

這世界上有很多人是沒辦法為自己的情緒負責的，因為他們不知道要怎麼處理自己的情緒，在他們的經驗裡，可能也沒看過什麼很會處理情緒的大人，或是自己的父母根本就很習慣用情緒勒索的方式，來解決情緒問題。因為沒有人示範過「處理自己的情緒」是怎麼一回事，所以他們自然而然地也就不會處理情緒。

如果大家只是當當朋友，那麼這個狀況可能還不會令人太難以忍受。可怕的是這類型的人，只要一進入關係，就會覺得對方必須為自己的情緒負責，也就是「如果我不開心，那你就要負責讓我開心。你要哄我、逗我笑、安慰我，否則你就是不愛我」。

看到這，妳的OS可能是：「但大家不都是這樣嗎？」對，這乍聽之下好像沒什麼地方不合理，這簡直就是普遍人類尋找伴侶的原因，但「普遍性」並不代表正確性。「大家都這樣」，表示的並不是這件事是對的，而是人們都在這麼做。這個「大家都這樣」導致了許多人分手、婚姻不睦，而且還在以「大家都這樣」的存在繼續擴散。

試想一下：妳最好的朋友失戀了，她很傷心，所以每天晚上打電話找妳哭訴，每次都講兩到三小時，然後長達半年，妳覺得妳受得了嗎？一開始妳可能很想幫忙，因為他／她是妳最好的朋友，但時間拉長，妳會開始發現自己根本無法負荷這些負面情緒，而且也沒辦法替對方解決問題。礙於妳們的交情，妳又很難拒絕，到最後就讓妳越來越想逃離對方。

當人們無法為自己的情緒負責時，就會呈現這樣的狀態——用各種手段來迫使對方必須安撫自己（通常是讓對方產生罪惡感或指控），而且當事人認為這是應該的、合理的、必須的。但沒有人喜歡處理別人的負面情緒，尤其當這件事被視為一種義務時，更是讓人痛苦得想逃。

即便是對於公認「較擅長處理情緒」的女性來說，不斷揹負別人的情緒能量都已經是件這麼困難的事了，更遑論是長久以來都不習慣這件事的男性。

或許是基於先天設定，後天也沒有培育，普遍來說，男性一直都不是一種很會處理情緒的生物。男人之間互相安慰的方法，基本上都很爛。例如朋友失戀，男人多半只會說：「走啦！喝酒啦！」、「下一個會更好啦！」不然就是把對方約出來，兩個人坐在河堤，拿著啤酒，什麼話也不說，靜靜的把酒喝完。跟女人的安慰技巧簡直是雲泥之差。

處理別人的情緒本身就不是件令人愉快的事了，更何況對男性來說，情緒問題又格外的棘手。人類都不太喜歡面對自己不擅長的事，這會讓人們感到挫敗。一開始多數人都會試著解決問題，當發現無法解決的時候，就會產生壓力。當壓力過大的時候，人們就會開始想逃，而剩下抗壓性更高的人會選擇再嘗試。一旦他們再遇到更多的挫折，反覆嘗試卻始終徒勞無功之後，幾乎所有人都會放棄。（參照下圖）

在這裡我想特別解釋一下「壓力是怎麼產生的」：人要感覺到壓力只會有一種狀況，就是「我沒辦法解決」。任何一件當事人能夠解決的事，都不會造成壓力。妳仔細想想，所謂的

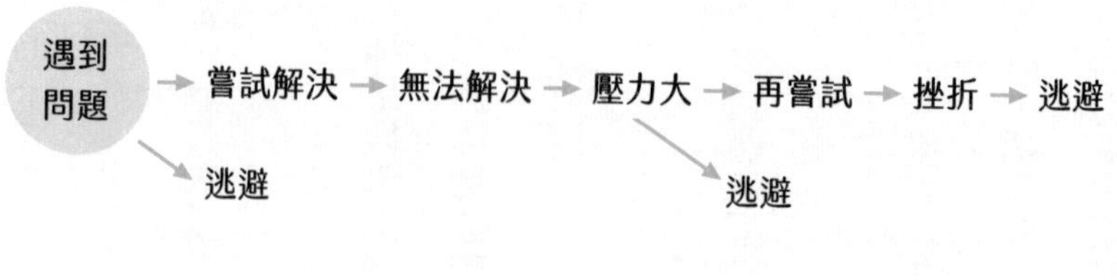

工作壓力大，不就是妳有很多事情要做，但妳怕妳做不完、做不好、老闆永遠不滿意嗎？如果妳可以輕鬆又完美的達成目標，老闆也很滿意，妳還有什麼工作壓力？

所以為什麼負面情緒的責任會是一種壓力？因為沒有人能夠根除別人的負面情緒，只要當事人無法自行解決，這些情緒就會永遠以不同形式存在。

幾乎沒有人喜歡去承擔別人的負面情緒，更何況是面對負面情緒時常常不知道要怎麼辦的男人？所以男人對於無法為自己情緒負責的女人，其實是感到恐懼的，因為他們不知道要怎麼處理這些麻煩。

沒錯，對男人來說，沒辦法為自己情緒負責的女人，就是麻煩。

對於異性緣沒那麼好的男人來說，如果他覺得妳長得很漂亮、條件很好，那他可能會忍氣吞聲，想盡辦法安撫妳。但是對於異性緣好的男人來說，他實在是沒有缺妳一個，那他為什麼要幫自己找麻煩？所以異性緣越好的男人，越重視女人是不是「很麻煩」。

或許妳會覺得：「那還不簡單？我只要在交往前藏好就可以了吧！」相信我，當妳遇到的對象看過越多女人，妳越不可能瞞得了他。

我就有過這樣的經驗：對方的外型很棒，各方面條件也都很好，很讓人有戀愛的感覺。照理來說，這樣的人應該要是我的首選，但在相處一段時間之後，我卻打消了念頭。原因很簡單，我感覺到她們的情緒很不穩定，而且她們無法辨別自己的情緒，自然也不會處理。她們有時候會莫名其妙的對我表現出很憤怒或很悲傷的情緒，例如突然很生氣的跟我說：「為什麼男人都這麼不負責任」，然後開始滔滔不絕的說出她們看到的爛事，但我就算詢問是不是發生什麼事，對方也只會說：「沒有，就突然想到，覺得真的很爛」。在完全搞不懂發生什麼事的情況下，我卻又同時感覺到對方希望我能安撫她的情緒，似乎處理她的情緒就是我的責任一般。表面上她們並沒有對我提出任何要求，但整體的氛圍卻讓我覺得我好像該做些什麼，就像一大早進到辦公室，看到老闆臉很臭、整個辦公室瀰漫著一股低氣壓，如果不做點什麼來緩和氣氛，整個環境就會讓人窒息。

有這種情形的女生我遇過不止一次，認識過程中我也對她們有好感，甚至算得上是喜歡，但因為她們的情緒狀況，讓我覺得跟她們交往的負擔實在是太大了，所以就打了退堂鼓。

我看過很多很有吸引力的女生，最後都敗在讓人覺得太麻煩這一點上，導致對方雖然對她有好感，但在評估後還是覺得不要交往比較好，這是非常可惜的。

很多人因為不會處理自己的情緒，所以一直誤以為，只要有個伴、有個人能陪伴自己、安撫自己，那些情緒就會被處理掉，也以為這是處理情緒的唯一解。但事實上，**從來都沒有人能幫別人處理情緒**，就像沒有一種藥能夠殺死病毒，藥能做的只有緩解症狀跟輔助，真正殺死病毒的都是人類自己免疫系統產生的抗體。情緒也是這樣，身邊所有的人能幫上忙的，只有陪伴跟分享，沒有人能替妳分擔妳的情緒，最後真正能走出來、開心起來，靠的都是妳自己，而不是身邊任何人。

這部分對男性來說也是一樣的。我幫男生上課的時候，一定會問他們一個問題：「你為什麼想交女朋友？」真正回答我想要性關係的人其實很少，但幾乎每一個人都會告訴我：「想要有個人可以在我心情不好、沮喪的時候一起分擔。」

這時候我都會舉一個例子：「假設我今天尿很急，我跟你說：『欸我尿很急，你去幫我尿一下好不好？』就算你說好，你尿完了以後我尿就不急了嗎？我還是尿急啊！所以你只能聽我分享我現在尿很急，但你根本沒辦法實際幫我解決任何事，真正的解決方法就是我自己去尿嘛！」

這個例子聽起來有點低俗，但它很真切，大家都有尿急的經驗，也知道不管再怎麼跟身邊的人說自己尿急很痛苦，事情都不會解決。

妳的情緒，終究是妳的情緒

任何情緒上的問題也都是一樣的，身邊的人頂多、真的頂多就是陪伴妳、聽妳說，他們沒辦法再為妳做更多了，真正能讓自己感覺變好變舒服的，其實是妳自己平常怎麼處理那些會令妳感覺不好的事情，而不是有個人永遠聽妳說話。

為自己的情緒負起責任，並不是說妳此生再也不能跟別人說妳心情不好、再也不能跟人家分享自己的感受，而是妳要明白，分享歸分享，人家願不願意陪伴妳是另一回事，而且最終要去解決這件事的人，還是妳自己。妳不能勉強別人為妳的感受負責，不管這個人對妳來說是什麼角色，妳的情緒都不是別人的責任。

如果妳一直是為了有個人能安撫妳，我真的良心建議妳最好去找妳爸媽，我很常講的一句話就是：「誰欠的就去找誰要，不要牽拖無辜的人。」今天妳情緒不穩定、不知道怎麼處理情緒、不安全感很重，我覺得比起妳的對象，妳爸媽或許有更大的責任，所以妳與其去找對象安撫，不如回家找爸媽。（關於這個議題，詳見《為何戀情總是不順利》）

或許妳也很想為自己的情緒負責，但苦於不知道怎麼辦，這裡給妳幾個關於梳理自己情緒的小建議：

梳理自己情緒的方法很簡單，妳先仔細感覺一下，自己現在的感覺是什麼？有可能同時有許多種情緒存在，那也很正常，只要先找出那些感受就可以了。再來，去感受一下這些情緒分別來自於哪裡？真的是當下事件所導致的嗎？還是因為今天早上上班被罵所以很不爽呢？還是是因為晚餐還沒吃所以覺得很餓很不舒服呢？或者會不會是這件事讓妳想到以前經歷過的事呢？總之，把可能性找出來。

找出可能性之後，妳就可以先處理掉一部分的原因，例如妳因為很餓所以不耐煩，那就先去好好吃東西。剩下的其它原因，如果不是可以立即解決的，可以把它區分為「是因為自己的觀念」而產生的，和「常態性發生事件」這兩種。

如果是第一種，那麼妳心裡可能會有很多的規則，告訴妳事情就是怎樣，或本來就該如何，例如「如果對人家沒有興趣，本來就不應該給人家機會啊」、「本來就不可以遲到啊！」……等等。當妳遇到規則系列，妳只要做一件事就好，那就是「允許自己也可以這麼搞！」妳也可以對人家沒興趣還去約會、妳也可以約好的時間遲到、妳也可以出去吃飯讓男生花錢，如果妳想，妳都可以這麼做！不用硬性規定自己不能做什麼，也不用從此以後都要這麼做，但只要妳想，妳都可以做！

如果是第二種「常態性發生事件」，那拜託妳去想辦法解決。例如同事事情都不認真做，都要妳擦屁股，那妳的解決方式就是以後不要幫人家收拾殘局，人家來求妳幫忙的時候妳就拒絕。妳可能會說：「可是我就拒絕不了。」抱歉，那就是妳的問題了，沒人應該為妳無法謹守自己的界線負責。

只要是常態性的問題，就必須想辦法解決，因為它會一直重複發生，如果妳一直不解決，那就是妳身邊的人要一直聽妳重複抱怨一樣的事情，久了人家就會覺得煩，而且妳自己也不好受，所以想出具體的解決辦法才是最重要的。

當妳越能為自己負起責任，那麼別人跟妳在一起就會越輕鬆，自然就會越想和妳相處。當你們累積的內容越多，那麼往「交往」這個形式前進就指日可待了。

✦ 男人比女人更害怕處理情緒，因為他們做得很爛。

✦ 情緒只能被分享，無法被分擔。

✦ 梳理情緒後，記得要去處理事情，才會一勞永逸。

加分題

跟妳待在一起，對方會感到安心

前面所提的三項，都屬於會強烈阻止對方跟妳交往的原因，一般來說，只要妳沒有前三項的問題，然後吸引力夠高，要進入交往都不是太困難的事。但妳會不會有可能遇到毛很多、選擇很多、想很多的對象，雖然妳沒什麼問題，卻還是不跟妳交往呢？有！當然有！所以這時候我們要拼的就是加分題。從這一個小節開始，我們要講的就是「如果有，那太好了，如果沒有，那也就算了」的部分。這道加分題就是「安心」。

現在的社會其實很悲慘，因為個人主義崛起，每個人都必須想盡辦法展現自己的能力，不斷和他人競爭，才能確保自己是好的、有價值的。在這種環境下，一個能讓自己感覺「**我可以誰都不是，也會有人愛我**」的對象，就變得格外珍貴。

而這種感覺，在還未進入交往關係以前，又特別少見。因為當人們還在吸引的階段，心中多多少少會有些恐懼和小心思，比起安心，大家更追求的是戀愛時的刺激。少了刺激，對一些人來說就像缺了一味，會開始覺得無聊無趣，進而變得沒有太多動力。所以在吸引階段，一般我們會將刺激的重要性擺在安心之前，因此它才是加分題。但這不代表它不重要，相反的，我認為它是決定妳是否與其他女人不同的決勝點。

跟大家分享個我自己的小經驗：

以前還在上班的時候，當時的老闆是個有點情緒化的人，可能那陣子他壓力太大了吧，有一天不知道為什麼，我們整個辦公室的人突然被他批得一文不值、罵了整整兩個小時。從那天開始，我的壓力就很大，整個禮拜下來，我每天喝四瓶紅牛、工作到四、五點，非得把事情做完才敢睡覺。

就在我壓力大到覺得自己快禿頭的時候，當時有個每次都很認真聽我說話、很有耐心的女生朋友，剛好要從國外回來。當下我就傳了個訊息給她，問她回國了沒？過了不久，她跟我說她到香港，準備轉機回來了。

看到那個訊息的當下，不知道為什麼我整個人突然覺得很安心，我心裡的想法是：「不管我是誰都沒關係」，然後我就無預警地睡著了。這種感覺很奇怪，其實她什麼也沒做，只是我就感覺有個很信賴的人即將回到我的身邊、自己好像有個人可以依靠了。對方並不會因為我的脆弱排斥我，而是好好的接住我的軟弱，在她面前即使我不再努力、不再扮演任何角色，也沒有關係，我可以單純的只是我自己。

這件事對我的影響很大，我從來沒有過這樣的體驗。對當時的我來說，扮演好自己的角色才會被人喜愛是不容質疑的規則，所以當我發現，原來我可以誰也不是也沒關係的時候，那種安心的感覺強烈到讓我瞬間放鬆，直接陷入沉睡。

這個體驗直接改變了我的擇偶標準，但我想了很久都沒想出來，到底為什麼當時我的感受會這麼強烈。現在想想，或許是因為在極大壓力下，知道有個很願意照顧自己、包容自己的人即將出現，所產生的安心感吧！不管原因為何，這件事都牢牢地記在我心裡。

製造性張力、調情、讓人捉摸不定，這是很多人都會的技能，老實說我並不覺得有什麼特別，至少我就看過成千上百個很會這些的女子。但有性張力、會調情、讓人捉摸不定，同時又讓人感到安心的人，我卻幾乎沒見過。

以前我一直以為，「神秘感、捉摸不定」這些形容詞，和「安心」是相斥的，它們不可能同時存在。但後來我發現，它們並不相斥，安心是一種基底，在基底之上人們仍然能同時具備讓人捉摸不定的神秘感。

怎麼讓別人感到安心

每個人會感到安心的具體形式都不同，但核心的重點都是一樣的——接納。人們只要覺得自己被接納了，就會產生安全感、就會願意敞開心房。

「被接納」是所有人類的渴望，這是不分男女老幼的。我們常會把接納想得太難或太簡單，多數的人一直都以為自己很接納別人，但通常我們能接納的都是和自己相同的觀點。有些人覺得接納很難，則是因為他們不知道當雙方看法不同時要怎麼辦？是要昧著良心說謊嗎？還是該如何是好？

其實接納這件事是這樣的：我接受你的所有想法看法感受，即使它們和我的不同。妳不需要同意對方，也不需要轉變自己的想法，變得和他一樣，妳只要接受就好了。

每個人之所以會有一些想法，都是他的人生產物和個性結合所致，妳可以不認同對方，但他有「擁有這些想法」的權利。

要做到能夠接納別人，首先要先能夠接納自己。如果妳連自己都接納不了，是不可能允許別人以妳覺得不妥的姿態生存的。

有一次一個學生問我：「我朋友都說我很嚴格，怎麼辦？」我說：「那是因為你對自己嚴格。只要你對自己不好，你就不可能對別人好，那都是裝的。」

當妳對自己很嚴格、無法接納自己某些妳認為是缺點的地方，拼命想改正它們，那妳又怎麼可能接納別人呢？前面的文章裡我們有說到「標準是雙向的」，同樣地，接納也是，妳只有在允許了自己可以擁有各種想法、各種姿態、各種面向、各種特質之後，妳才會允許別人也能如此，否則妳心裡只會不斷覺得對方哪裡要改進、什麼要調整，根本沒有接納的空間。

等妳能做到接納之後，下一步可以做的事情是陪伴。不要以為男人不需要陪伴，我覺得男人對陪伴的需求甚至是比女性高的。

或許是受社會期待跟教育方針的影響，男人通常都被教育或暗示不能哭，以及要理性思考，所以他們多半比女人更不懂得要怎麼面對情緒。但不懂得面對，不代表情緒就不存在，男人還是會有受挫、沮喪、傷心難過的時候，在這種情況下，妳能不能做到陪伴，就會大幅影響你們的關係深度。

相較於女性，男性願意讓自己情感流露的門檻是更高的。妳很少會看到兩個直男在酒吧裡抱頭痛哭，當其中一個人在哭的時候，另一個也不會抱著他說：「沒事，寶貝我永遠愛你。」這種事男人真的做不太出來，但對女人來說就沒這麼困難。所以對很多男人來說，除了憤怒以外的負面情緒，只能告訴特定的對象，而這個對象通常是指女朋友，或有好感的女性。

如果在交往前，對方就對妳展現出脆弱的一面，那麼很有可能對方是在測試妳的接受程度。因為普遍而言，女性在尋找伴侶的時候，都會希望能找個可靠的、能照顧自己的對象，而這也是一般男性的認知。所以他們會透過測試的方式，來試探妳是否能接受他們也有脆弱的時候，還是妳只是希望他們能扮演好男性照顧者的角色來跟妳相處？

雖然我個人認為最佳的關係狀態是兩個人都能照顧好自己，然後因為感到快樂而和對方交往，但並不是所有人都是這樣。絕大多數的人還是不知道該怎麼照顧好自己，所以面對這種人，別跟他談什麼健康的交往，他辦不到。如果妳想跟他在一起，那麼妳就得用他感覺得到愛的方式來對待他，而大量的陪伴、接納、包容，是最常見的讓人感覺被愛的方式。

當然，這樣永無止盡的包容陪伴很難有美好的終點，有時候反而會把對方養成一灘爛泥，而且也很有可能超出妳的負荷。所以，我認為比較健全的作法，是**「認真傾聽、認真回應，接受對方的想法和感受，同時也表達自己的想法，但不是否定」**。

「認真傾聽、認真回應，接受對方的想法和感受」，簡單來說就是好好聽對方把話說完，然後搞懂他會這麼說的原因。「表達自己的想法，但不是否定」具體來說，就是老實說出妳的感覺和看法，但不需要強加在對方身上。我自己常用的句型是：「原來你是這樣想的啊！我這邊有個不太一樣的想法，你想聽聽看嗎？」然後再說出自己的看法，最後再說：「這只是我的想法而已，給你參考。」當然，這是兩個人關係比較遠、還比較客氣時候的說法，如果關係近一點，我可能會說：「是喔！可是我剛聽完，我感覺是XXXXX耶！」我仍然沒有要強迫對方的意思，只是很單純的說出自己的想法，然後看對方要不要討論。

上述這些是簡單的回應方式，但請妳記得，方法就只是方法，要不要這麼做，還是以妳的意願為主。妳可以很有愛心地陪伴對方，但妳也隨時都有走人的權利。

我們常會搞錯一件事：我們以為只要喜歡對方，就該無條件地接受對方的全部，如此一來對方才會愛我。這樣的想法如果用短期目標，也就是「只想交往」來看的話，其實沒有太大的問題。但如果妳把目標放得更遠更大，當妳考慮到未來交往也得像現在一樣，那麼妳很有可能就會想再多考慮了。

人都是平等的，沒有什麼「因為我喜歡他，所以他做什麼我都得忍受」這種鳥事。如果妳不喜歡對方對待妳的方式，妳就該告訴他，讓他知道事情不是隨他高興就好，妳也有妳自己的規則。如果妳告訴他了，他還是不聽，那妳隨時都可以走人，不需要浪費時間在這種根本不在意妳的人身上。妳的接納、妳的陪伴，只需要用在妳覺得值得的對象身上就夠了，別像那些工具人一樣作賤自己，以為苦苦等待、癡心守候就會換得真愛，別傻了，那只是讓人更不把妳放在眼裡而已。

很多女生都會誤把加分項誤以為是必需品，拼了老命在做這些加分題，但前面的正題都不好好作答，搞到最後自己又累又委屈，別人還是不喜歡妳，這又何苦？加分題就是加分題，妳有空有心力有意願再做就好，千萬不要勉強自己，否則只會讓妳對自己的過度付出感到不平衡，反而加速關係的崩壞。

✦讓人感到安心的是接納和陪伴。

✦男人會展現脆弱來測試女人

是否只想要自己扮演照顧者的角色。

✦陪伴的回應方式：認真傾聽、認真回應，

接受對方的想法和感受，

同時也表達自己的想法，但不是否定。

CHAPTER

3

主動、被動，不如好好的互動

——妳所不知道的吸引技術

讓對方知道妳並不排斥他的靠近，
甚至是樂於見到這件事的發生。
即使沒有任何人發現是妳主動的也沒關係，
只要最後「讓兩個人開始連線」的目的達到了，
是誰主動根本不重要。

長保關係鮮度的四種面向

很多人都會害怕被喜歡的對象當朋友，認為只要被當成朋友，好像終身就會被定位在那，再也無法前進。但事實上，「朋友」的基礎，在任何關係裡都是重要的，如果妳對對方而言，並不存在複數的關係形態，那麼妳們的關係就會變得很脆弱。

什麼叫作複數的關係形態呢？舉例來說，當妳在一間公司上班時，可能會盡量跟同事打好關係，畢竟大家每天都要見面，關係好一點，上起班來也開心一點。但當妳離職之後，妳還會跟同事們繼續聯絡嗎？那些不熟的，或本來就沒很喜歡的同事，對妳來說還有什麼意義嗎？沒有，所以妳就不會想再跟他們有太多的聯繫。

但如果，妳的同事裡，有些人跟妳特別合得來，甚至妳們下班或放假也會一起出去玩，那麼妳離職後，還會跟他們聯絡嗎？可能會，因為對妳來說，他們不僅僅是「同事」，還是妳的「朋友」。所以即使妳們失去了「同事」這層關係，他們對妳來說還是重要的。

這就是「複數的關係形態」——妳在對方的生命裡，至少扮演了一種以上的角色，所以即使妳們的某一層關係不復存在，仍然會讓對方有繼續跟妳保持關係的想法或動機。

當你們之間存在著複數的關係形態，妳就能從各種不同的角度，去認識這個人，同時，妳也更容易去展現自己不同的面向，從而讓對方產生更多想了解妳的欲望。

人們對於「對象」這個角色的認知，其實一直都很平面。我們只會去抓取這個人身上跟「戀愛」有關的資訊。妳可能會想知道他多高、年收多少、家境如何、交過幾個女朋友、有沒有劈過腿、有沒有遺傳性疾病……等等，但對於對方的特質，可能不見得這麼重視。

但如果妳今天把對方同時視為一個朋友，那麼妳就會在意和他相處是不是開心的？他喜歡從事什麼活動？和他聊什麼話題的時候，雙方都覺得很談得來？兩個人可以一起去做些什麼事？這些都不見得是妳把對方當成一個對象的時候會想知道的。

再來，如果妳把他當成一個合作夥伴，那麼妳就會想了解他的能力、工作態度、專長、工作習慣、溝通方式、學習能力……等等，這些同樣是在妳沒有將對方設定為一個角色時，妳不會感興趣的。

每個人都存在著許多不同的面向，這些面向都是構成一個人的重要因子，缺少任何一個部分，妳所看到的這個人，都不會是現在這個人，所以對方的一切，對於妳來說都是重要的，尤其如果妳希望自己能和對方長相廝守的話，就更是如此了。

同理，當妳今天只把自己當成一個「和對方交往結婚」的標的，那麼妳也就只會表現出「對象」的姿態，其它部分的妳都會在和對方相處時消失。或許妳會認為自己表現出最完美、最吸引人的一面，但那樣的妳，卻是平面的。

我們在前面的章節裡有提到：當妳同時是個會讓人有性慾的客體，也同時是個能夠與之交流的人類時，妳才會變成「女人」。而這些各種不同面向的妳，就存在於「人」的部分之中。妳不能只是一個讓人性欲高漲、血脈賁張的存在，否則對方想到妳就只會想到性，最後變炮友的機率就會大幅提升。這不是說妳不好，而是妳沒有讓對方在和妳相處的過程裡，感受到其他角色的存在及重要性。

但這時候又出現了另一個問題：要在什麼時機展現不同面向呢？又要展現哪些呢？

有四種即使只在男女關係裡，沒有牽涉到其它日常生活，也能夠展現，並且對於男性來說相當重要的面向，分別是：女人、朋友、照顧者、被照顧者。

我們分別來說說這四種面向的特性，以及展現方式：

女人

誠如之前本書不斷提到的：兩性關係之間，「性吸引力」是相當重要的一環，它是用來讓人們分別對方究竟是個對象，還是只是朋友的分界點。不管妳「人類」的面向能夠展現得多麼出色，只要對方對妳沒有想要更近一步接觸的欲望，那麼妳們的關係就很容易只停留在「朋友」。

「女人」這個面向，最大的重點在於它是「性客體」，也就是讓人會稍有遐想的標的。所以如果妳本身就長得很漂亮、身材很好，男人們本來就已經很容易對妳有性幻想了，那麼拜託妳，千萬不要繼續在這個面向上下功夫，否則別人會很容易完全忽略妳的其它部分。

那麼如果妳不是呢？又或是說，妳跟對方喜歡的類型差距很大呢？那麼除了妳心裡要保有「我本來就是個對象」的意識以外，也可以利用下面幾個媒介，來讓對方意識到妳是個「女人」：

首先是打扮。適度地露出少量的肌膚、較合身的衣物，都是不錯的選擇。但要記住一點：肌膚露出的面積最好保持在30％以內，不要過度曝露，否則無聊男子們可能會認為妳很隨便。

再來是適當的肢體接觸。基本上，攻擊了會讓人受重傷，或是不會曬傷的地方，都是會讓人稍微多想的部位，例如手臂內側、手掌、下背、大腿（這個就不需要內側了）、後頸……等等，都是屬於比較脆弱的位置。在關係不夠好的情況下，接觸對方的脆弱位置，可能會讓人產生戒備或反感，所以如果妳認為現階段你們的關係並沒有到非常兩情相悅，那麼妳可以觸碰攻擊了不會受重傷，或是會曬傷的位置，例如手臂外側、肩膀、肩岬骨、上背、膝蓋、手背，這些屬於「只要不討厭妳，基本上就可以碰」的地方。（肢體接觸的奧妙無法用言語來解釋，有興趣請參考AWE《撩男術》的課程）

因為肢體接觸會增加能量的流通性，再加上普遍女性的可接觸性比男性低，所以較多的肢體接觸，會讓人覺得你們比較熟，同時也讓對方知道目前他跟妳的關係限度可以到哪裡。當妳主動觸碰對方的肩膀時，對方就會知道，目前你們的關係最少是他也能碰妳肩膀的程度，那麼即使他沒膽再做更大的動作，也能夠讓他跟上目前的進度，也就是讓他知道「現在到哪裡是安全的」。

再來，只要妳能找出男女本身就有的差異，然後把它放大，就很容易被人意識到「妳是個女生」。聲音、身高、力氣，甚至是駕駛技術，這些普遍會認為男女不同，或男生有優勢的事，就盡量讓對方表現。「男」和「女」是一種相對的概念，就像「光」跟「暗」一樣，所以如果妳不那麼擅長讓自己像個女生，那麼妳就讓對方感覺到自己是個男人，只要對方覺得自己是個男人，那麼在相對的概念下，妳就容易被意識到是個女人。

朋友

在我的經驗裡，有許多看起來極具吸引力的女生，都非常懂得使用自己的性魅力。她們身邊一定不乏追求者，不管她們到底外向內向、熱情還是冷漠，追求者總是前仆後繼地湧上。而這種女生最容易遇到的問題，就是前面提到的「只有單一角色」。

這類型的女生，常常不知道怎麼跟男生當「朋友」。我所謂的朋友，不是名義上的——她們有非常多追求者及工具人，都以朋友的名義存在於她們的生命之中——我指的是真正不把對方物化成性客體的「朋友」，也就是我們一般人在講的「朋友」。

當一個人能把自己極致物化的時候，有很高的可能性也是如此看待別人的。所以當她們完全只把自己視為一個「女人」，而沒有多去思考身為一個「人」的自己是什麼樣的人，那麼她們也很難把對方當成人來看待，因為她們對「角色」的認識，是多過於人類個體的。她們很清楚要怎麼扮演某個角色——至少她們就把「女人」這個角色扮演得很好——但她們不見得知道，當扣除角色後，自己還剩下什麼？如果她們無法認識單純身為人的自己，那麼她們就無法認識單純身為人的對方。

所以對這種類型的女生來說，最重要的事情就是增加自己除了「性客體」以外的成分，讓別人不只是把妳當成一個想上床的對象，而是一個活生生的人。

這時候，「朋友」的面向就很重要了。

妳可以透過和對方互嗆、鬥嘴、開玩笑，以及說點自己的糗事，來降低妳過高的性張力。同時，也要能和對方自由地講出自己的想法，而不是只顧及對方對妳的看法，或妳想保有的形象。一旦妳一直想保持形象，那妳和對方說話的自在程度，以及妳能做的選擇，就全都減少了。不僅如此，妳還會很容易對對方發無謂的脾氣，只因為妳覺得對方不符合妳的期待。

降低性張力是呈現朋友面向的必經之路，妳不需要無時無刻當個「很性感的朋友」，可以只是朋友就好，「性感」這件事，留到其它時候再說。所以在朋友的面向裡，妳必須大幅度地降低性張力（如果妳本來就擅長跟男生當朋友，請千萬不要這麼做，這會讓妳的性張力歸零，妳要把注意力放在其它面向），但仍然得保持一個限度，最好別跟對方討論關於屎尿或痔瘡之類的話題。

這30％的形象，是為了讓對方不會直接幻滅，畢竟這世界上脆弱的人太多了，妳實在不需要為了跟對方當朋友，就告訴他妳便秘有多嚴重，還拍下妳那像羊大便的傑作給對方看，這太多了。30％的形象其實就是一般女生跟關係不錯的男生朋友相處時，會出現的狀態：罵罵髒話、互相攻擊（不是人身攻擊），但不會到形象全無。

照顧者

「照顧者」和「被照顧者」在一般人的認知裡，屬於兩個極端的角色，所以通常人們在面對固定對象的時候，都只會扮演其中一種。例如當妳面對很包容妳的朋友，可能妳就會呈現「被照顧者」的狀態；但當妳面對妳覺得有點兩光的朋友時，妳卻大部分的時間都在照顧對方。

對於女性來說，找一個對象通常都希望對方可靠、能照顧自己，基本上沒有哪個女人想當人家的媽，所以很多女性只要一遇到男人，就變得生活不能自理，交往後尤其嚴重。明明沒男朋友的時候都可以自己上下班，交了男朋友就好像腳斷了一樣，一定要人家來載；以前心情不好都可以找朋友講，交了男朋友以後只要男朋友不聽自己抱怨，就一肚子火。這些擅於被照顧的女性們，很容易給人的感覺就是「公主病」。

在我的教學經驗裡，「公主病」這個詞還真不是冤枉人。這些真的會被別人說有公主病的女性，家裡多半都把她們照顧得很好。我有個學生，以前只要有什麼事情不順心就大發脾氣，覺得對方怎麼沒把事情處理好，等她自己搬出去住以後，脾氣變得非常好，因為她發現發脾氣事情也不會解決。

如果一個人被照顧習慣了，那麼她很容易認為這些是理所當然的（她們通常會有一個很照顧媽媽的爸爸），她會很難去照顧到別人，畢竟她連自己都照顧不好。對於自我價值感不高，或是極需要照顧別人以取得安全感的人來說，她們或許很像個「女生」，但對於自我價值感高，或是異性緣很好的男性來說，就會變成前面章節裡提到的「麻煩」。

其實所有人都想要依靠別人，不止女人。男人也會有脆弱、挫折、需要休息和安慰的時候。這或許不是常態，但妳是不是一個「可以依靠」的對象，對男人來說也是很重要的。如果妳只是想要被照顧，卻完全不想照顧對方，那麼對於男人來說，妳絕對不會是一個好選項。

多數的男人既脆弱又愛面子，他們會探探妳的口風、看看苗頭，試試看如果他現在很脆弱，妳會有什麼樣的反應。如果妳的反應不如預期，那麼他很有可能不會在妳的面前展現自己脆弱的一面，他會繼續扮演妳想看到的形象，然後在心中覺得妳不行。

記得有一次我心情很差，想跟當時的約會對象尋求安慰，對方跟我說：「你的情緒是你自己的課題，你自己解決。」的確，她說得很有道理，當下我也沒有反駁她，但我還是覺得很受傷、覺得自己不被接納，所以即使後來交往了，我也一次都沒跟她說過心事，因為我認為她不是一個讓我感到安全的對象。

當然，我的意思並不是要妳從此變成一個媽媽，每天照顧對方，這也不是一個平等的關係，但是我希望妳能明白，**男人對於「被照顧」的渴望，並不亞於女性。**

那麼妳要照顧他什麼呢？基本上，我認為只要能做到「關心」、「支持」、「傾聽」三件事情，就已經很足夠了。妳不需要去照顧他的生活起居，那是他的原生家庭該教他的事，妳也不用永遠去幫忙排解他的情緒，因為那是他自己需要學會的課題，但在他沮喪低落的時候，至少妳可以**接受他也有這一面**，關心他、支持他，然後好好聽他說，不要責罵他，也不要讓他覺得自己讓妳很失望。

雖說有每個人的個體差異問題，但普遍來說，女性比較需要實質上的照顧，同時這也是男性相對擅長的；而男性比較需要情緒上的照顧，一般來說，女性也的確能做得比多數男性好。所以我通常不建議女性照顧男性太多實體性的事物，例如養他，因為這很容易讓事情變得更糟，對方不僅會失去價值感，也會因為不用努力就能存活，而喪失奮鬥的勇氣，很多媽寶就是這樣被養壞的，而這想必也不是妳想追求的感情。

所以，在「照顧」這件事上，妳最主要能做的，就是情緒性的支持和接納，但請妳記得，這是在妳已經把自己照顧好的前提上。千萬不要連自己都顧不好就想去顧對方，這反而會讓妳感到透支和委屈，對良好的關係不會有太大的幫助。

被照顧者

在我們的成長經驗裡，都會看過一種女生，動不動就跟男生撒嬌、體育課都躲在樹蔭下聊天、事情不自己做，都找男生幫忙、沒事都跟男生打來打去，做盡各種「丟女人臉」、「沒用」、「不負責任」、「招蜂引蝶」的事，但她們卻好像很受男生歡迎、異性緣很好，甚至可能跟條件很好的男生交往，或是現在嫁給了一個看起來不錯的老公。一切的一切可能都令人很火大：「為什麼這種女生會有男生喜歡？」

最主要的原因，其實就是她們知道怎麼當個「女人」，或者說，她們知道怎麼讓男人覺得自己是個「男人」。這也是為什麼在上一段裡，那裡被描述為「公主病」的女生，仍然有大把大把的人追的原因。

太有用、太獨立、太堅強的女性，常常都有一個現象，就是不會依賴他人。在她們的世界裡，把自己的事做好、凡事靠自己、堅強獨立為自己負責，是人類的基本守則。通常，在她們的成長過程裡，都會覺得自己沒有人可以靠。或許是她們的父母很嚴格，要求她們在很小的時候就要像個懂事的大人；也或許是她們的父母很不負責，逼得她們在很小的時候就覺得「沒有人是可靠的，我除了靠自己以外沒有辦法了」，才養成了她們這樣的性格。

這些特質在她們的經驗裡，通常不會有什麼負面回饋，除了覺得自己好累好辛苦以外，不會有人攻擊她們什麼，所以她們會不斷保持這樣的習慣。但在感情裡，這些特質就不見得能帶給她們什麼優勢了。

她們可能會認為：「我已經把自己的事都做好了，也不給你添麻煩，也不需要你照顧，既懂事又得體，為什麼你還是不喜歡我？」甚至會有男人告訴她：「我覺得妳不需要我。」、「妳沒有我也可以過得很好，但她沒有我不行。」這類的屁話。

這些看似屁話的句子，其實就是整件事的關鍵——妳沒有讓對方覺得自己是可靠的、有用的、可以幫上忙的、被需要的，因此對方會認為自己在妳身邊是沒有價值的。

獨立又負責很好，但請妳也給別人一些能接近妳，以及覺得自己能為妳產生貢獻的機會。貢獻感對人類來說是非常重要的，人們會因為自己的貢獻而感覺到自己的價值，所以當人們做出貢獻的行為，就會自我感覺良好，但妳可能從來沒給過別人這個機會。

所以請妳偶爾任性、撒嬌、要別人幫忙，即使妳自己能做得到。請人幫忙不代表妳很沒用，就算人家不幫，妳也大可以自己來，但如果別人願意（而且不勉強），那麼妳們就能建立一次良好的互動，對方同時也能產生價值感。

「請別人幫忙」的方法，在後面的章節裡會提到，這裡就不贅述，重點並不是請人家幫忙，而是妳要敢於這麼做。**請妳允許自己偶爾是無助的、需要幫忙的，妳並不總是如妳期許的一般堅強，柔弱並沒有不對，請接受自己也有想被呵護的一面。**當妳能接受這些之後，才能夠做得到「被別人照顧」。

✦ 建立複數的關係形態才能讓關係更長久。

✦ 展現自己的不同面向，同時也要多認識對方的不同面向。

✦ 四種面向可以交錯在各種時刻出現，可以有比例上的不同，但都要存在。

創造讓男人能靠近妳的縫隙

所謂的關係開始，並不是讓對方知道這世界上有自己的存在而已，需要有實際的互動，才有辦法讓關係延續下去。具體來說，和男性不同，女性較常見的模式，還是等待對方主動。但「等待」是漫長又不見得有效率的，妳沒辦法確定對方到底何年何月才會來找妳講話，也有可能他一輩子都不會主動，那妳該怎麼辦？

如果妳是個外向活潑的人，直接跟對方聊天不失為一個好方法，利用完全主動的方式，讓對方感覺到安全。但如果妳不是呢？那我會建議妳利用主動的方式來誘發對方主動，所以在形式上看來，妳還是處於被動的。

簡單來說，就是妳**主動做出一些行為，給予對方綠燈，讓他產生主動的勇氣及意願。**

很多女生整體呈現給別人的氛圍都是「別靠近我」、「我很好」、「我不需要男人」，越是自認獨立、有想法、堅強的女生，越容易出現這種現象。當妳全身被這類「拒絕訊號」包圍時，不管男生對妳多有好感，都會削弱他前進的意願，因為沒有人喜歡被拒絕（玩咖除外）。

在這種時候，我會建議妳第一件可以做的事情，就是創造一個讓人有機可乘的「縫隙」，讓妳想要他們接近的對象，可以有機會靠近妳。

其中最簡單而且零風險的方法，就是請對方幫妳一個小忙。不管妳要他幫妳拿筆、拿飲料、問他路、公事上的事問他怎麼處理、訂便當的時候提醒妳……等等，只要妳不是像賣愛心筆的一樣，在路上跟妳有興趣的路人說：「同學，可以跟我說一聲加油嗎？」其它全都可以。

如果妳覺得辦公室有點冷，或妳今天穿的裙子有點短，都可以跟妳旁邊那位很帥的同事借外套；如果妳看到喜歡的男生要去便利商店，就拜託他幫妳買東西；如果隔壁部門的帥哥跟妳在茶水間相遇，就請他幫妳拿放在高高的櫃子上的杯子！無論如何，想盡辦法讓對方幫妳一個忙就對了！

請對方幫忙，是高段的撒嬌

為什麼要請別人幫妳的忙？因為一般會全身散發拒絕訊號的女性，要嘛是不喜歡麻煩別人（原因可能是不好意思、怕被討厭，或是覺得女性應該獨立自主不依靠男人），要嘛就是讓人覺得高高在上高攀不起，所以當這類女性「主動」請別人幫忙，並且在對方幫忙完之後，謝謝或讚美對方，並且給他一個微笑，對方就會產生：「咦？原來她沒有這麼難以親近」的想法。這時候如果他本來就對妳稍有好感，可能就敢主動多跟妳說一兩句話。

請別人幫忙有四個訣竅：一，立即性的、二，不需要太大代價的、三，對方清楚知道可以怎麼做的、四，讓對方意識到自己是個男人的。

「立即性」指的是現在立刻可以完成的，例如拿東西、借現有的東西。很多女生都知道可以透過請對方幫忙，來建立對方的價值感，但她們通常不知道要請對方幫什麼樣的忙才好，於是丟出了一個時間性太長的，或太困難的事情請對方協助，這不僅無益於關係，反而可能會減損對方的價值感。例如有些人請對方出國幫忙買藥妝，這就屬於無效的協助，第一是因為對方會認為「妳只是想要有人幫妳買藥妝，不是他也無所謂」，因此只會有被工具感，不會有價值感，第二是因為時間太長，而且可能還要特地去找，很不方便，所以這就會被歸類為無效協助。

當妳們的關係還沒有到很好以前，請人家幫需要付上太大代價的忙，別人通常會不樂意，這時候會先啟動的不是價值感，而是嫌麻煩和害怕被利用。例如請對方借妳三千，或是幫忙跟妳交往，都算是代價太大。其實借錢是個還不錯的點子，但僅限於小錢，而且最好是在店裡和對方相遇的時候，例如妳在公司樓下的飲料店，發現自己沒帶錢包，這時候跟對方借個三五十塊，然後感謝他，就是個很有效的協助，因為對方會認為當時的自己剛好將妳從一個窘境中救出，而且幾十塊不是什麼大錢，妳還可以藉口還他錢多跟他講幾句話，簡直是一舉數得。

至於為什麼要是對方清楚知道怎麼做的，則是關係到對方是否會因為幫不上忙而感到挫折。有些女生會在心情不好的時候跟喜歡的對象說，希望對方能安慰自己，老實說，這是個不錯的方法，但她們可能沒考量到自己的對象是不是擅長這件事。如果對方不太擅長，可能會手足無措，或是為了緩解氣氛，說出些不太適當的玩笑。

我有個學生就曾經發生過這種事：她被客戶言語騷擾，跟喜歡的男生哭訴，誰知道對方竟然說：「可是妳又不是女生。」差點把她氣死。這絕對不是單一特例，因為她在告訴我這件事的時候，我腦海裡就浮出很多個可能會說出這種話的男性。

所以如果妳要請對方幫忙，請找些妳確定對方知道怎麼做的，例如烤肉的時候請他幫忙升火、不知道程式怎麼用請他教妳，都是很棒的方法，而且這種事比起拿筆買咖啡，又更能讓對方感覺到自己是個有用的男人。如果妳真的希望自己心情不好的時候對方可以安慰妳，那拜託妳告訴對方要怎麼做，例如跟對方說：「你就陪我一下就好」或「你就聽我說就好」，給對方明確的指令，否則下場可能會有點淒涼。

最後一個「讓對方意識到自己是個男人的」，它算是加分題，沒有一定需要，但如果有的話是最好的。像前面說到的烤肉升火、教東西，或是幫忙提重物、搬行李、打蟑螂，這些都是能讓人充分感受到自己的男子氣概，認為自己很有用幫助到對方的小忙。一般來說，如果對方不是真的沒辦法幫妳（例如他就怕蟑螂），或對妳真的絲毫興趣都沒有，以致於他不想逞強（例如我就不愛拿重物），否則都會有很不錯的效果。

「請對方幫個小忙」是最簡單，而且人人都能操作的小方法。但如果妳真的完全沒有跟對方有接觸機會，那麼可以嘗試另一個條件比較複雜的方案，來強化對方接近妳的意願。

讓他注意到妳的小方法

如果你們有共同朋友或共同認識的人，讓妳的朋友去跟對方說：「欸你知道那個XXX（就是妳）嗎？就隔壁部門那個長頭髮的女生，她上次說你很帥。」

妳覺得這個方法很冒險嗎？不，我告訴妳，這方法超安全。

男人跟女人不一樣，女人如果知道自己沒興趣的對象喜歡自己，有可能會想刻意迴避，這是因為女人被追的次數普遍是多於男人的，而且多數被追的經驗可能不會太好（如果都很好的話早就不知道交多少男朋友了），再加上女人比男人懂得避嫌，通常會覺得如果對對方沒興趣，就不要給人家機會。這兩點加在一起，才造就了女人可能會迴避喜歡自己的人。

但男人不是！

男人如果知道有個女人喜歡自己，絕對會在心裡暗暗得意，就算他嘴上會說：

「哎呀，沒有啦，你們想太多了啦！」或是「哎呀，她又不是我的菜！」他心裡還是會覺得很爽！然後接著他會開始沒事多看一下那個喜歡自己的人，不管自己有沒有喜歡人家，他都想要享受「這個人喜歡我啦！」的感覺。

所以如果有個男人知道妳覺得他不錯，而且妳也沒有採取什麼恐怖行動，那他心裡絕對是覺得爽，而且會開始稍微多注意妳一點。

這個時候，妳的機會就來了！如果妳在路上跟他擦肩而過，就對他投以害羞的微笑；如果妳在茶水間遇到他，也對他投以害羞的微笑；如果妳在樓下星巴克遇到他，還是對他投以害羞的微笑。如果他一直沒來跟妳說話，沒關係，妳要嘛叫共同朋友悄悄約個有妳有他有大家的局，要嘛等到妳可以請他幫妳一個小忙的時候，他就會來跟妳講話了。

主動創造一個讓人能靠近妳的縫隙，是關係開始的第一步，也是讓自己桃花朵朵開的訣竅，懂得讓不錯的潛在對象靠近自己，絕對會大幅提升妳的戀愛成功率。

✦男人不是不想靠近妳，
而是妳散發了「不要靠近我」的氣息。

✦利用別人的傳話，讓對方知道妳對他有興趣，
也是加速對方行動的小撇步！

✦請人幫忙四要訣：立即性、代價小、容易做、我很MAN。

♥ 利用「安全距離」來影響對方的潛意識

大部分的男性，尤其是經驗相對少的，對於「沒有拒絕」這件事的解讀，跟女性完全不同。

女性在面對對方僅僅是「沒有拒絕」時，通常會覺得對方可能是客套、不好意思直接拒絕、也沒很想答應，所以在遇到「沒有拒絕」的狀況，女性多數會認為這不是個好結果。

但男人不一樣，男人對於對方「沒有拒絕」的解讀，通常都趨於正面。

我曾經遇過不止一次有男生來找我諮詢的時候，跟我說：「我那天跟對方約會的時候，有做肢體接觸，然後對方沒有拒絕。」我每次都滿頭問號，想說：「沒有拒絕又怎樣呢？人家說不定只是怕尷尬啊，難道要甩你一巴掌才叫拒絕？」

男生在解讀「對方對於自己的某個行動沒有拒絕」的時候，都會傾向往好的方向去想。而這點正是妳可以運用的地方——妳可以不用主動，只要妳沒有拒絕，他們就會認為是綠燈。

但如果對方沒有對妳做什麼，妳又要怎麼表現「沒有拒絕」呢？

妳可以用一個很簡單又不明顯，但對方絕對會有感覺的方法：距離。

每個人都會有自己的安全距離範圍，對方要在妳的安全距離之外，妳才不會感到不自在（如下頁圖1）。而妳的潛意識會針對不同的對象做出調整，當妳對對方的好感度越高（不侷限於異性，同性友人也是），妳能接受的距離就越近（如下頁圖2），反之，妳越厭惡，距離就越遠。

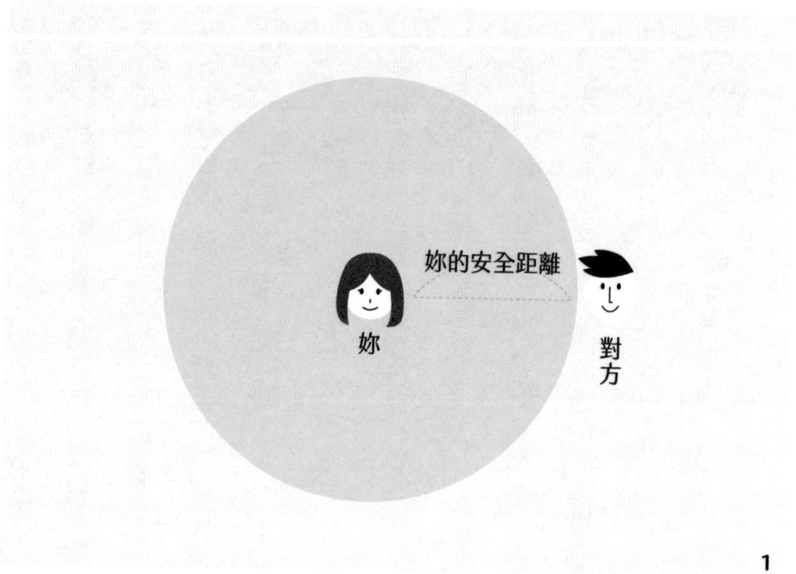

1

當妳對對方的好感度不高的時候，如果對方踩進妳的安全範圍裡，妳會不由自主地移動身體，讓自己和對方保持一定距離，妳才會覺得舒服。如果妳不得已得跟對方靠得很近，那妳一定會感覺到非常不舒服，甚至想趕快逃離現場。妳可以回想一下討人厭的上司或老師，故意假藉一些名義站得離妳很近時，妳的感受是什麼，就能明白我在說什麼了。

所以如果一個人靠得比平常還近，但妳卻沒有閃開，那麼妳就是在距離上「沒有拒絕」對方。還記得我

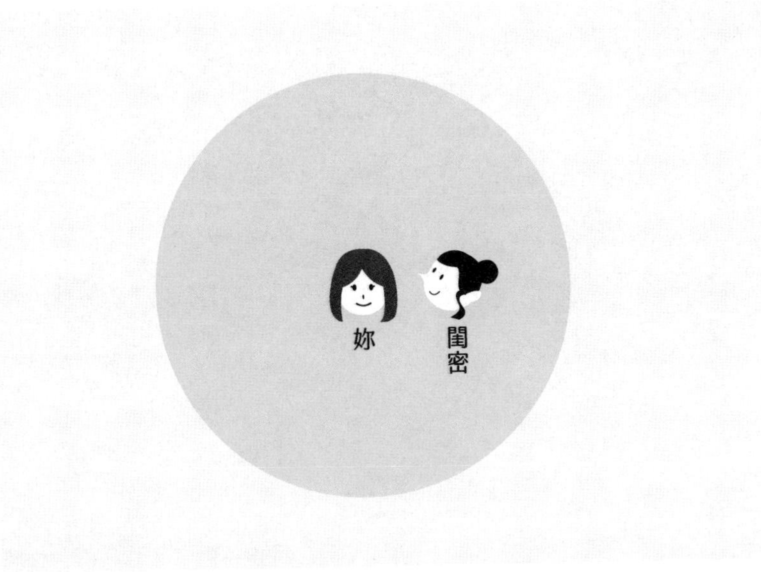

2

們剛才說男人是怎麼解讀「沒有拒絕」的嗎？他們會往好的方向思考，所以這時候，對方很容易就會覺得「她對我有好感」、「我們的關係好像比以前好」，最不濟，他也會認為「她不討厭我」。

這不需要你們靠得有多近，那是關係再更好之後的事，妳只需要像下頁圖3一樣，在對方進入妳的安全範圍之後，不要閃躲就可以了。

「每個人的安全範圍」是一種很巧妙的潛意識運作，它跟我們說出來

3

的話，以及明確的動作不同，人們通常不會直接用大腦意識到，但卻人人都可以接收到不同的感覺。例如有個人不喜歡妳，他不見得要直接走到妳面前跟妳說：「我討厭妳」，也不需要做出什麼惡意的舉動，但妳就是可以從他的反應或是跟妳的距離遠近，來感知到他對妳沒有什麼好感。

有時候妳可能會覺得「奇怪，為什麼某個女生也沒什麼特別，可是異性緣或人緣就是比我好？」通常是因為她們利用了很隱微的方法，來讓對方的潛意識產生感受，但意識上卻沒發現。在這種「只有潛意識被影響，但意識沒察覺」的情況下，人們不會知道發生了什麼事，只會覺得對對方的感覺不錯，但自己也說不上為什麼。

而這種不會明確被察覺到的潛意識運作，正是我們需要的，它就是我們說的「潛意識溝通」。會被明確意識到的行為，都有可能被對方的防衛機制給阻擋，即使男性的阻擋程度遠不及女性，但其效果仍然不及「對方的潛意識產生感覺，意識卻沒有知覺」的情況來得好。

既然我們要的是讓對方的潛意識察覺到一些不同，但意識上無法確定（因為這樣會增加對方的思考時間，等同於增加對方的內部投資），那麼反過來，由妳主動進行「靠近」的動作也沒有不行。

所謂的「靠近」，並不是妳要整個人貼上去，而是主動讓對方進入妳的安全範圍，像下頁圖所示：

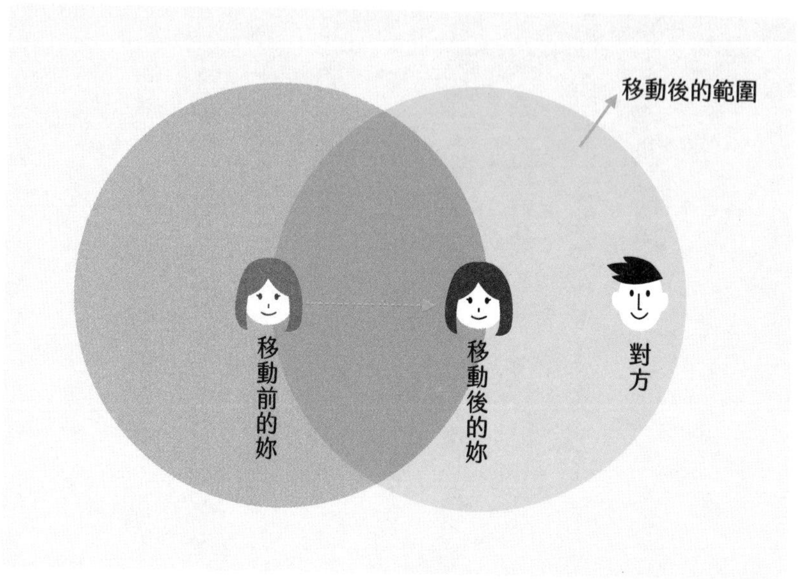

主動讓對方進入妳的安全範圍，比起被動的「沒有拒絕」，有一個好處是妳可以自由控制時機，不用等對方接近等到天荒地老，第二個好處是，綠燈的訊號會比被動等待更為明顯。

當妳處於「沒有拒絕」的狀態時，對方不見得會有太強烈的感受。如果對方是個比較沒自信或悲觀的人，那麼他可能會認為：「只是沒有討厭我」，不見得會自信心爆棚。但是當妳主動靠近，而且原因沒有強烈正當性的話，那麼對方必定會感覺妳們的關係是加深的。

什麼叫作「原因沒有強烈正當性」？就是這件事妳其實沒靠近他也沒關係，例如他正在看著手機偷笑，妳靠過去問他：「你在看什麼？」這就超級沒有正當性，除非妳是他主管，而現在在開會。

如果妳不想要一下子將好感釋放得太明顯，那麼妳可以挑個稍具正當性的理由來靠近對方，例如他們一群人正要訂飲料，妳可以跑過去說：「我也要看有什麼～」這就算稍具正當性的理由——妳沒有一定要過去不可，但過去也很合理。只要妳的理由越具正當性，那麼好感的明顯程度就會越低。

看到這裡，妳可能會想：「可是如果每個人都有安全範圍，那對方不是也有嗎？我如果貿然地靠近，對方會不會閃開或覺得不舒服？」

的確，對方一定也有自己的安全範圍，但只要他有把妳視為一個女人、女生、女的，妳平常也不是一靠近就潑人冷水或罵人的類型，那麼對方頂多是稍微側身，通常不會直接彈開。

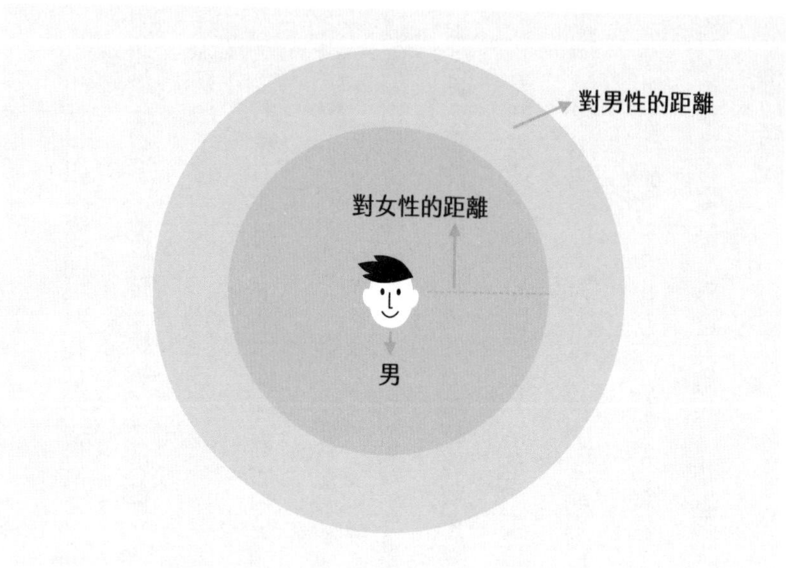

我們來看一下普遍男性的安全距離範圍示意圖。

幾乎所有人類對於熟度相等的男性和女性所產生的距離範圍，都會有上圖的現象：對男性較遠，但可接受女性靠近一點。主要原因是人們通常感覺女性是較男性更無害的，男性的侵略性及可能存在的攻擊性和殺傷力較女性更高，所以靠女性近一點，會比靠男性近一點更安全。

而另一個會造成該現象的原因，則是因為當女性願意靠近自己時，

男性會覺得自己是受歡迎的、被喜愛的，而且似乎也沒有損失任何東西的風險，所以接受度就會比較高。

當然，在兩個人的關係程度還不到的時候，妳還是不要靠別人太近得好。臉是一個人類用來感知距離遠近的基準點，因為我們通常是用眼睛在測量距離的，所以如果妳跟對方的姿勢是一前一後，或是側面（如上圖），就不會讓人覺得：「也太近」；但如果妳是面對面，那麼妳離對方的眼睛就近，對方就很容易覺得你們現在靠太近了。

同樣的道理，如果現在妳打算讓別人覺得妳們超級曖昧，或是妳要丟出一顆超高速直球直直地往人家臉上砸去呢？那麼妳就正面面對他，然後靠得超近！這時候如果妳採取的位置，讓妳的眼睛遠低於他的眼睛，那麼妳就會由下往上看著對方，只要妳的眼神正常合理，不是挑釁、不屑、火大，眼周自然放鬆，那就會形成一個絕殺球！

當對方進入妳的安全範圍，而妳「沒有拒絕」，
就是綠燈潛意識能產生的影響遠大於意識。

人是用眼睛測量距離的，
所以正面會感覺比其它時候來得更近。

用聲音創造正面感受

市面上有很多銀座女公關說話術之類的書籍，雖然各個門派不大相同，但這些書裡其實都是有一套作者自己的邏輯可循的。可是很多學生在看完這些書之後，會告訴我：「這些書上講的都沒用，我都沒得到想要的效果。」

之所以會有使用上的困難，一部分是因為文化差異，但即使有文化差異，在台日交流頻繁，而且同屬亞洲文化的情況下，書中的方式也不可能到「完全沒用」的程度。這些書之所以會讓人覺得沒用，通常是因為當事人並沒有留意到，**自己是怎麼**

說這句話的。

「如何說話」遠比「說了什麼」更為重要。這本書裡不斷在告訴妳的，就是如何透過他人忽略的、不容易意識到的東西，去傳達妳想傳達的訊息，也就是我們說的細節，而「聲音」當然也是細節的一環。

舉個簡單的例子讓大家更好明白：如果妳想安慰一個失戀的朋友，妳想跟她說：「我知道妳很難過，我會陪妳的」，妳用鄧惠文醫生的語氣跟妳用吳宗憲的語氣來講這句話，想必就會有很大的不同吧？前者柔軟後者搞笑，對方接收到的訊息怎麼可能會一樣呢？又例如妳想跟妳喜歡的對象說：「怎麼樣？我的新髮型好看嗎？」妳覺得用小S的聲音跟蔡英文的聲音會一樣嗎？前者俏皮活潑又稍微自戀，後者既正經又嚴肅，兩種聲音當然不可能給別人同樣的感覺啊！

根據研究指出，人在接收訊息的比例是：肢體訊息（動作、表情、眼神、姿態、裝扮）佔了55%，聲音訊息（語氣、語調、語速、音量）佔了38%，而一般人們花了最多時間思考的「語言訊息」（說詞），只占了7%。也就是說，妳費盡心機想了一個絕妙的調情佳句，卻用肥宅的聲音來表達，那麼對方的反應不會是臉紅心跳，只會是莫名其妙。

所以妳想讓對方接收到什麼感覺，和妳的非語言訊息（肢體加上聲音）有著非常密切的關聯。同樣一句話，用不同方式來說，就會有完全不同的感受。這其實是女生的本能，女生們總是比男性在潛意識裡更明白這些事，可是一旦面對自己喜歡的對象，或是要有意識的去表達自己時，卻反而因為太本能了，導致我們根本不知道它的存在。既然忘了它的存在，自然也就無法有意識的選擇自己現在要用什麼樣的語氣，來表達此時此刻的自己。所以當妳在閱讀這個章節時，別把它想得很困難，妳可以試著用各種不同的情境來揣摩，想想在這些情境裡，妳可能都是怎麼說話的，這會讓妳更容易理解下面的內容該如何運用。

用聲音正確傳達訊息，效果比文字訊息更好

聲音其實是一門很深的學問，但因為這本書主要是想處理感情問題，所以我在這裡就只挑幾種簡單好操作，又跟感情有立即性關聯的來說。

首先，我們先將「說話方式」分成四種大區塊，分別是：聲音方向、發聲位置、咬字，以及語速。

由於這不是一本有聲書，所以有些東西無法示範，這邊會建議妳，在讀這個章節的時候，可以把自己的聲音錄下來，嘗試各種不同的玩法，第一可以聽聽各種聲音不同的差異，第二可以給妳身邊的異性朋友聽聽看，讓他們給妳反饋，第三，妳可以開始玩自己的聲音，發現自己的聲音有多少種不同的變化，這會讓妳對於聲音的感覺更敏銳，同時也能展現更多不同類型的聲音。

聲音方向

我簡單將聲音方向區分為常見的三種：向外、停留於口中，跟向下。（如下頁圖所示）

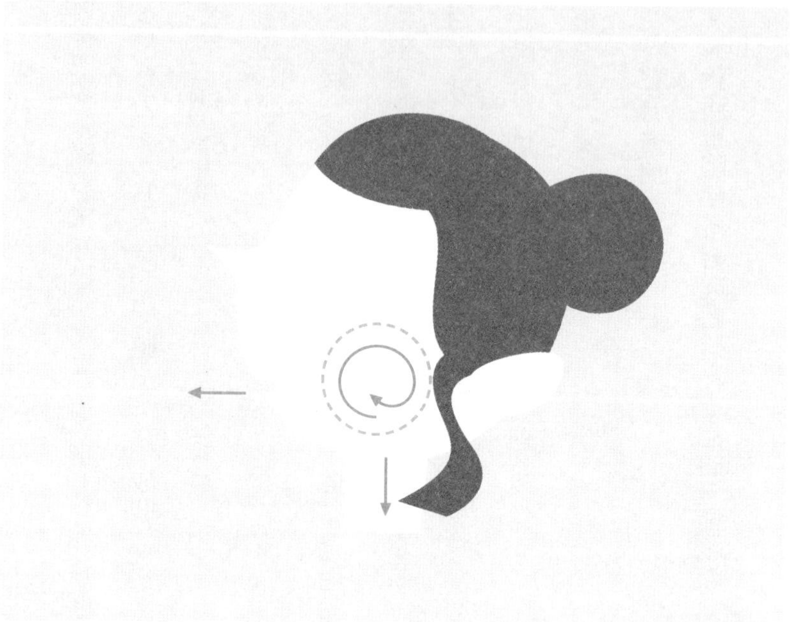

當聲音向外時，內容會比較清楚，同時聲音的亮度也會提高；聲音停留於口中時，會含糊不清，不容易被聽清楚；聲音向下時，聽起來較悶。

影響聲音方向的，通常都不是什麼技術層面的問題，而是當事人的想法：當事人有沒有想讓別人聽見自己想說的話？還是怕別人覺得自己的話很無聊、不太好意思講？或是根本沒有表達的意願？這些都會直接影響聲音往哪裡走。

如果當事人有強烈想要傳達的意念，那麼聲音就會自然而然的向外，妳可以想像一下當妳有個天大的八卦要告訴妳的朋友，或是在公司會議裡要發表某些重大進展，還有妳很想罵人的時候，妳是怎麼說話的？雖然語速會視妳有多想傳達這個訊息而定，但它的方向性絕對是朝外的。而向外的聲音，配合上後續會說明的其它區塊，就會分別產生專業、清晰、活潑、熱情、強勢、可愛……等等的感覺。

但如果當事人對於自己說的話不太確定，那聲音就容易停留在口中。妳可以想像當妳在murmur的時候，講的話一定都是含在嘴巴裡，因為妳只是想小小的碎唸或抱怨一下，並沒有真的想要被對方聽見，所以不會把「話語」清楚地往對方的方向丟。

對自己沒什麼自信的人，也容易講話含在嘴裡，因為害怕自己說的話是不對的、會惹人不高興的、會被批評的，所以無法堅定的把自己的想法傳達出去，即使有點想表達，但也會因為害怕，下意識的選擇不要用太清楚的方式表達。所以將話含在嘴裡的聲音，會容易讓人有猶豫、不確定、不置可否（假隨和）、沒自信、不悅、吊兒郎當……之類的感覺。

而聲音向下，則是因為當事人感到沮喪、無力、挫折，所以沒有力氣把聲音往外推。想像一下當妳很累，或是心情很不好時，是不是覺得連話都不太想講或是講話有氣無力？這種時候通常聲音就是下沉的。所以這種聲音會給人的感覺，多半是提不起勁、壓抑、忍耐、沮喪。

妳可以利用想像的方式，來練習自己的聲音方向：想像聲音是一個具有實體的東西，妳把它往外推，推出妳的嘴巴之外，就是向外的聲音；妳把它含在嘴巴裡，像顆魯蛋一樣（妳可以模仿周杰倫講話），這就是含在口中的聲音；妳想像把它往下吞，吞到妳的肚子裡，或是它現在就待在妳的喉嚨，而妳也沒有想把它往上提，就會變成往下的聲音。

發聲位置

我們將發聲位置分成三個區塊：頭顱、胸腔、下腹（如下頁圖）。這三個區塊分別主掌了不同的意義：頭顱是專業、清晰、理智、思考、計算，任何跟大腦有關的，

	頭顱	胸口	下腹
頭顱	思考 理智 邏輯	協助	目標導向
胸口		情緒 關懷 接納	情慾 調情 誘惑
下腹			原始 行動 生存

都是由頭顱位置控制的；胸腔是感情、溫暖、關懷、情緒，任何跟「感覺」或「情緒」有關的，都屬於胸腔的部分；下腹則是行動、性慾、生存、力量，跟「原始能量」和行動力有關的，皆是下腹主宰。

這三個不同的發聲位置，會完全改變妳的音色。頭顱位置會讓妳的聲音很清楚，而且音高相對高。它不會讓人覺得妳有什麼感情，好像只是集中精神於思考。所以當妳想要讓別人覺得妳聰明又知性的時候，可以使用頭顱共鳴來配合向外的聲音；胸腔共鳴會讓妳的聲音有溫度，而且有包容性，讓人覺得妳是個有感情的人類。當妳想要關心或支持別人的時候，就使用胸腔共鳴；下腹的共鳴（也就是俗稱的丹田）因為和下肢有關，所以它是有衝勁有力量的。由於下腹也包含了生殖系統，所以和原始能量以及慾望也有很大的關聯，所以當妳想要叫別人做事的時候，請大膽地使用妳的下腹來讓別人感覺到妳的決心和行動力。

當然，音色並不只有三種這麼單調，只使用單一共鳴位置的人其實並不多，通常都會混雜其它的發聲位置。例如當妳很喜歡對方，又想認真聽人家說話的時候，同時就既有感情又會使用大腦，所以妳會混雜頭顱跟胸腔的共鳴，但這種時候多半沒什麼行動力，所以不會有太多下腹的聲音；而當妳很有感覺、很想跟對方上床的時候，可能不剩什麼腦袋了，所以這時候就會是胸腔加上下腹，也就是情慾的聲音；當妳有個想法，決定執行一些計劃，要求這個目標非完成不可時，可能就少了些感情，這時候就會是頭顱加下腹。

每個音色都有它各自會給人的感覺，並沒有哪個比較好，通常都是視場合和談論的話題而定。而且配合上不同的咬字，每個音色都能創造出非常討人厭的聲音，例如專業的頭顱共鳴，如果妳心中有些不想直說的話，就容易變成嘲諷（可參考宮鬥的娘娘們）；如果妳講不贏人家，打算強制對方聽妳的話時，具有行動力的下腹就會產生強勢的聲音，逼迫對方屈服；如果妳對自己的狀況不滿，但又不願意花時間思考解決方法和確實執行，那麼胸腔的聲音就會充滿抱怨、軟弱、憤憤不平。

共鳴的位置同時會影響到聲音的年紀，也就是聽起來有多年輕，共鳴位置越高，會讓妳的聲音越青春，越低則是越沉穩。我常看到女學生把共鳴位置擺得很低，然後聲帶又拉扯得太大力，那聽起來就會很滄桑。這種嗓音非常適合唱金包銀，但沒有那麼適合談戀愛，尤其如果妳的對象年紀也不大，那他喜歡大嬸嗓音的機率就更低了。

發聲位置的練習方法，妳可以想像聲音是個能量球，妳選擇想練習的位置來集中能量，然後將它丟出去。例如妳想使用胸腔共鳴，就想像有個能量球在妳的胸口匯聚，試著將這個能量球推出妳的嘴巴之外，並且讓它擴散開來，就會是胸腔共鳴的聲音。

咬字及音長

咬字的清晰度會大幅的影響一個人感覺起來親不親切，咬字越清晰，親切度就越低；反之，咬字越模糊，親切度就越高。

當一個人的咬字越隨意，就越會讓人有隨性、輕鬆、慵懶的感覺，而這些感覺都會讓人覺得親切、好親近；但咬字越清楚，就越容易有嚴肅、認真、集中精神、專業的感覺，自然就讓人覺得彼此的距離比較遠。牙關就像一道牆，咬字要清楚，就必須把牆封死，當牆封死了，對方就會覺得自己無法接近妳。

牙關封死這個形容，妳還可以聯想到另一件事，就是一個人說話是不是斬釘截鐵。如果對方的尾音很短或甚至沒有尾音，大概就知道這件事沒什麼轉圜的餘地；但如果對方的尾音拖長，或是稍具尾音，可以判斷為對方並沒有很篤定，還有討論空間。

咬字模糊跟把話含在嘴裡是不同的，把話含在嘴裡是對於自己要說的話沒有信心或不想被聽到，所以選擇讓它待在嘴巴裡。但咬字模糊不見得聲音方向性是停留於口中的，它只是沒有集中太多力氣和精神在唇齒之間，所以有慵懶、散漫之感，但不代表當事人就是不敢表達。

如果妳很常被人說感覺有距離、不是很親切、總是公事公辦，那麼妳可以嘗試一個小訣竅：躺在床上跟人講電話。家裡通常都是讓人放鬆的地方，尤其當妳躺在床上的時候，大概會是妳最放鬆的狀態，在這個狀態下，人們講話多半氣會比音多，而且也不會太認真咬字，就可以有效的模糊掉自己咬字的清晰感。

語速

說話的速度和當事人的思考速度及個性有很大的關係，思考速度越快的人，說話就容易越快；思考速度慢，或是思考過於龐大的時候，因為需要更多的時間讓大腦作出整理，相對地說話速度就慢。性子越急、表達欲望越強的人，同樣的也會有說話速度快的傾向；個性慢，或是表達欲不高的人，說話的速度就會相對慢。

當然，每個人的說話速度都是會改變的，根據當下的心情，及不同的狀況，就會產生不同的語速。我們可以看看下頁圖：

上半部表示的是妳的表達意願。配合上不同的咬字、共鳴位置，別人則會對妳目前的狀況產生下半部各種不同的感受。

除了性格，「表達意願」是最主要影響語速的關鍵：當我們對一件事感到興奮、很想向人分享的時候，語速就會自然地加快；當我們不太想提一件事的時候，語速就

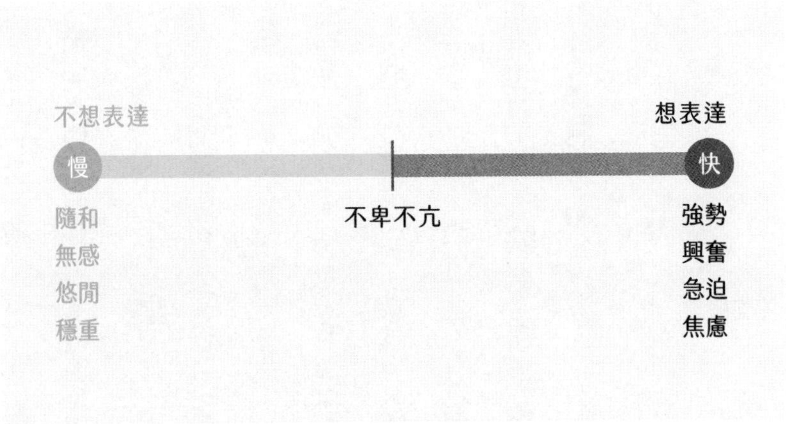

會變慢。

但每個人「很想講」或「不急著講」的原因都不同，而這些不同的原因，會導致人們使用不同的共鳴位置來發聲，這時候就會讓人產生各種不同的感覺。例如當妳看到妳朋友快被車撞到了，這時候妳可能緊張地喊出：「小心！」因為這個「小心」是帶有行動的，妳要對方「移動，以避免被撞」，所以就會運用到下腹的共鳴。同時，因為妳是關心對方的，所以也會有胸腔的共鳴，這兩者結合在一起，加上快的語速，就會形成「急迫」、「擔心」的感覺。相對地，如果是遠遠的後方有來車，對方能很從容地避開，這時想要善意提醒的妳，可能會用不快的語速及不大的聲音說：「欸，小心哦！」它可能仍然同時帶著關心和行動力，所以同樣運用到下腹及胸腔共鳴，但因為語速不快，所以就會變成「穩重」、「可靠」的感覺。

聲音過快，同時會讓人有「事情不在妳的掌握內」的感覺，所以古人說：「聲慢者貴」指的就是當事人感覺自己對事情的掌握程度。當一個人認為自己的掌握度高，自然就能顯得從容不迫；反之，一個人認為自己的掌握度不夠，就會顯得毛毛躁躁。而這個「從容不迫」和「毛毛躁躁」，在感情裡會讓人連帶想到的，則是穩定度。

穩定度越高的人，會越容易讓人有成熟、穩重的感覺；穩定度越低，則會讓人覺得青春、活潑。這兩者並沒有哪個比較好，青菜蘿蔔各有所好，端看當時的妳想要展現什麼樣的面向及特質。所以在這裡會建議妳，多觀察自己平時說話的速度，並且試著練習控制它，如此一來，妳才能自由的操縱自己的聲音，以達到妳想要的效果。

✦人們接收非語言訊息的幅度遠高於語言訊息。

✦懂得利用聲音正確傳達自己的訊息，會讓戀情事半功倍。

✦聲音控制分成很多區塊，不同的搭配會產生全新感受。

充滿暗示的調情句構

在前一篇文章，我們了解到了「表達方式」的重要性。在把更具影響力的表達方式搞定之後，就可以開始來琢磨如何呈現我們想傳達的內容。

講到感情方面的表達內容，最常被提及的就是「調情」了。

「調情」這個字，對於歐美文化來說是件很輕鬆的事，它並不侷限於「約會中的男女關係」，只要是異性之間，想讓彼此的談話更愉快，都會有些許的調情。但在我們的文化裡，「調情」卻總是被解讀為輕浮。也由於這個「輕浮」感，導致很多人的父母或師長，對於「調情」是極力排斥的，這就影響到我們在成長的過程中，並沒有辦法學會這種讓人感覺輕鬆愉快又有趣的說話方式。

不擅於調情的人們最常出現的問題，就是不知道怎麼拿捏分寸。在分寸拿捏不當的情況下，常常講話不是太油，就是太無聊，或是明明想說些好聽話，卻不小心讓人壓力山大。上述的狀況輕者，就是讓人不想跟妳聊天；重者，有可能直接嚇跑對方。

調好句構，再按發送

在調情之前，我們要先學會掌握幾個調情的原則：句型結構分配、半真半假、前後落差，以及預設立場。

在解釋其它方法以前，首先我們要先搞懂調情時的句構，有時候光是句構改變，就足以改變一整句話，因為不同句構所要強調的重點是不同的，所以傳達給別人時，別人收到的感受就會不同。

調情式的句構，第一我們要注意的是主詞，主詞一定要是「我」或是「你」，因為感情是你們兩個的事，所以在既不是妳也扯不上對方的情況下，就稱不上調情了。如果妳還把句子的主詞放在事情上，那就跟調情更沾不上邊了。

我簡單作個示範：

「禮拜天你想去哪？」

「禮拜天要去哪？」

前者的主詞是「你」，所以這個句子所傳遞的重點在於「你的想法」；後者的主詞是這個事件，傳遞的重點就會變成「這起事件要如何完成」。當重點在對方身上，對方就會感覺自己是重要的；當重點在事情上，對方就會覺得事情才是重要的，而不是「我」這個人。

再看一個範例：

「帶我去～」

「下次可以去～」

前者隱匿了「你」這個主詞，但因為是妳們雙方在對話，所以即使不說出來，對方也不會以為妳在叫別人帶他去，它的主詞仍然是「你」，表示對方是重點；後者仍然在講一個事件，雖然妳可能會覺得：「我這樣講就是委婉地跟對方說下次可以一起去啊！」但對方接收到的只會是：「這個地方可以去」，跟他本人並不會有太大的連結。

由這兩個範例，我們可以看出來，當主詞擺在事情上，基本就跟妳們兩個的關係不大，所以如果要調情，主詞一定得定調在「人」，而這個人也侷限於妳或他。

在搞定主詞之後，第二個重點是：切記句子不要太長。一個句子越短，內容的強度就越高，因為焦點能夠集中；句子越長，注意力就越容易分散，對方也越容易失焦，妳所放入的詞彙強度就越容易被削弱。我們看看下面的範例：

短句型

男：「妳喜歡看電影嗎？」

女：「喜歡啊，你喜歡嗎？」

中句型

男：「妳喜歡看電影嗎？」

女：「我蠻喜歡看電影的啊！那你咧？你喜歡嗎？」

長句型

男：「妳喜歡看電影嗎？」

女：「喜歡啊！我最喜歡看動作片，每次看動作片我都覺得熱血沸騰耶！而且去電影院就是要看大螢幕才有感覺的東西啊！喜劇片跟愛情片在家看就好了，去電影院太浪費錢了！那你喜歡看電影嗎？」

短句型的版本，會讓人覺得妳既回答了他的問題，同時也關注他，而且整個句子裡，只有「喜歡」跟「你」這兩個字是有意義的，其它全是語助詞，所以對方的注意力只會焦中在「喜歡」跟「我」身上。這裡的中句型是個好聊的句型，但因為句子偏長，所以不會有什麼曖昧的感覺。至於長句型，不致於到不好聊，但感覺妳很想分享妳的看電影心得，而這個話很多的分享，跟問問題的當事人沒什麼關係，就只是妳本人想講而已。

再給大家一個範例：

短句型

男：「妳換髮型啊？」

女：「對啊，你喜歡嗎？」

中句型

男：「妳換髮型啊？」

女：「對啊！欸你有看出來耶！好厲害喔！」

長句型

男：「妳換髮型啊？」

女：「對啊！我覺得頭髮太厚了，想說要打薄一點，不然夏天會熱死。你不覺得這個捲度很剛好嗎？」

雖然三個句子裡，同樣都有提到「你」，但因為句子長度的不同，所以這個「你」的重要性就顯得大不相同。短句型的唯一重點就是「你喜不喜歡」，所以在這個句子裡，「你」就是最重要的（不管實際上是不是都沒關係）；中句型雖然也提到了「你」，但它的重點擺在「觀察力」，所以頂多只能稱讚對方，並沒有辦法製造什麼曖昧情愫；長句型則完全是在分享自己的剪髮原因和心得，雖然也提到了「你」，但這裡看起來就只是希望對方附和，所以在三個句子裡，這句的「你」地位是最低的。

在這裡提醒大家，有時候男生提出一個問題，不見得真的是對這件事很感興趣，更多時候只是偶然發現，或是隨口問問，尤其對於妳的妝髮打扮，絕大多數男生都是不懂而且沒什麼興趣的（很有興趣或很懂的，通常都是妳的閨蜜），所以只需要稍作回應就可以了，如果對方真的想了解，他會再問的。

一般來講，調情的句子我幾乎都會讓它保持在五個字以內，只要超過五個字，殺傷力就會開始降低，除非妳的句子能符合後面會講的其它規則，否則最重要的概念就是越短越好。例如：「你說呢？」、「你都這樣」、「我喜歡」……等等，都是非常適合用來曖昧的句子。句子越短，清晰度就越低，表示整體越模糊。而「曖昧」這個字的解釋，正是「模糊不清的樣子」，所以如果想要曖昧，就千萬不能把話全都說得太清楚。

第三個重點，是主詞和受詞擇一出現。

剛才我們說了，調情的時候，要盡量讓句子簡短，既然句子要短，那就不能有太多贅字，所以我們要捨棄主詞或受詞其中一個。

我們用比較的方式，讓妳看看這中間有什麼差異：

男：「妳換髮型啊？」

女：「對啊，你喜歡嗎？」

男：「妳換髮型啊？」

女：「對啊，你喜歡這個髮型嗎？」

男：「妳喜歡看電影嗎？」

女：「喜歡啊，你喜歡嗎？」

男：「妳喜歡看電影嗎？」

女：「我喜歡看電影啊，你喜歡看電影嗎？」

「帶我去～」

「你帶我去～」

一旦我們試圖把主受詞全放進去，可能會導致整個句子過於冗長，有時候也會破壞曖昧的張力，因為整件事變得太清楚了。省略主詞的效果是為了有親密感——因為我現在的說話對象就是你，而且我們熟到不需要把每個字都講出來，你就知道我在說什麼。省略受詞，則是為了創造模糊感——對方知道妳在說什麼，但妳並沒有特別指明，也就讓對方有想入非非的空間。

這跟上一篇裡討論的說話模糊和清楚有異曲同工之妙，凡事只要越清楚，界線就越明確，關係也就被界定得越清晰，當然就沒有什麼模糊地帶和曖昧空間了。

在掌握了句構的基本原則以後，接下來就要開始討論其它更細節的句子用法，首先，我們先來看看何謂「半真半假」：

所謂的「半真半假」，就是分寸的拿捏。調情有一個很大的重點——妳要讓妳的話聽起來不像真的，但又有可能是真的，讓人不由得多想一下。

我們來看看下面這張圖：

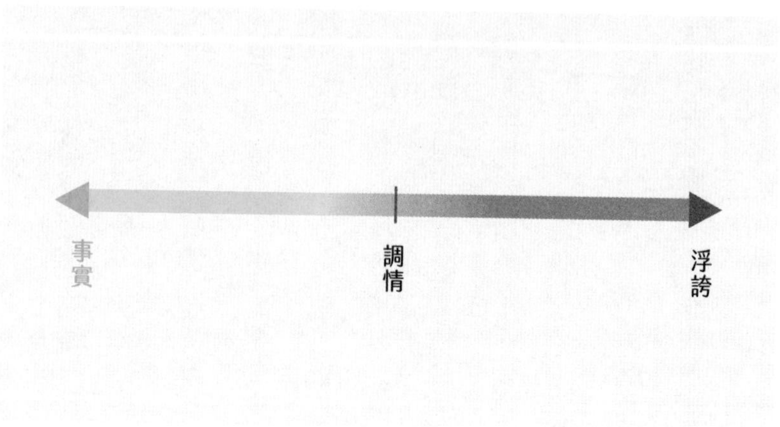

上圖這條線我把它稱之為「浮誇線」，當妳說的話越真實、越平鋪直述，就越接近左邊；當妳的話越浮誇、越像在唬爛，就越接近右邊。

我們來舉個最左邊和最右邊的案例：

事實型

男：「妳換髮型啊？」

女：「對啊，夏天太熱了。」

浮誇型

男：「妳換髮型啊？」

女：「對啊！！！為了你剪的啊！」

從這個例子，我們可以看到，左邊就是完全陳述事實：「因為夏天太熱，所以我剪了頭髮」，夏天熱不熱，跟對方一點關係都沒有，所以它完全沒有達到任何調情的效果。至於右邊，則是太過浮誇，首先妳也不確定對方有沒有喜歡這個髮型，再來是太誇張的話通常會被視為唬爛，所以這招或許會對一些沒太多經驗跟女性朋友的男生有用，但他們大概也不是妳會喜歡的類型。

那麼這時候，如果在話中帶點事實、稍微和對方扯上點關係，又有一點點誇張，會變成怎麼樣呢？

調情型

男：「妳換髮型啊？」

女：「對啊，看你會不會多回頭看我兩眼。」

這就是「事實與浮誇之間」的用法，「看你會不會多回頭看我兩眼」聽起來不像剪頭髮真正的原因，但也沒有誇張到完全沒有可能性。在「有點可能，但又不太可能」之間，對方會稍微有點困惑，並且感覺妳或許對他有點意思。

再舉個例子：

事實型

男：「妳最近在學煮飯喔？」

女：「對啊，自己煮比較省錢。」

浮誇型

男：「妳最近在學煮飯喔？」

女：「對啊！為了抓住你的胃啊！」

調情型

男：「妳最近在學煮飯喔？」

女：「對啊，你有喜歡吃什麼嗎？」

第一個同樣是就事論事的回答，而且跟對方沒有關係，接下來妳們的對話流向大概只會往「妳都煮什麼？」、「學中式還西式？」、「妳想存錢喔？」這類的方向前進。當然啦，如果妳正準備展現朋友的面向，這是個了解彼此很好的聊天方式，但如果妳不是這麼打算，那麼妳們的對話接下來就會圍繞在煮飯或省錢上頭。

第二種回法其實不是不行，但兩個人接下來很有可能會開始打嘴炮講幹話，如果妳的目的是想讓對話變得輕鬆白爛，那麼這也是可以執行的，但在還沒有很確定彼此心意之前，這個方法有可能讓比較多疑或沒自信的男生無法確定妳是否對他有意思。

第三種回法，則是直接把「我學煮飯」這件事，和「你喜歡吃什麼」做了連結，別人會直接意會到的是「你學煮飯是為了我」，堪稱是個長達60秒的大綠燈。

從上述的例子妳可以發現，只要想調情，就絕不能讓自己的回答單調，只要單調了，就會淪為對話。當然，對話並沒有不好，它是建立彼此基本認知的重要途徑，但請記得，如果妳想要調情，就得稍微動腦想一下，要怎麼讓妳的句子變得較為出乎意料。

第二種用法是「前後落差」——讓前後句子的狀態不同，製造出中間的落差感，用以讓對方難以掌握。如果前面是正經，後面就可以是玩笑；前面是稱讚，後面就可以是酸他；前面是有意思，後面就可以是打臉。

我們延用上面剪頭髮的例子：

男：「妳換髮型啊？」

女：「哪有！你平常都沒在注意我齁！」等對方開始辯解時，再說「騙你的啦，我有剪。怎樣？好看嗎？」

這個方法屬於調皮小妖精系列，藉由拌嘴的方式來和對方產生互動，以「你平常都沒有在注意我齁」來假裝在意對方有沒有注意自己。這句話同樣也處於真實和浮誇之間，對方很難判斷妳到底是不是真的在意他有沒有注意妳，那麼也就會達到同樣的效果。等到對方開始緊張，再讓他知道妳只是在鬧他，藉此增加情趣。

我們來延用上面煮飯的例子，看看可以怎麼做：

男：「妳最近在學煮飯喔？」

女：「對啊，你有喜歡吃什麼嗎？」

男：「幹嘛？妳要煮給我吃喔？」

女：「我在找人試毒」

這就是前面先給個大綠燈，後面再給個小紅燈，稍微削弱對方過盛的自我意識，卻又不失樂趣的方法。這個作法適合用在關係還不甚曖昧的時期，讓妳進可攻退可守。

那我們再來看看下面這個打臉型的作法：

男：「妳喜歡什麼類型的男生？」

女：「你覺得你是哪一種？」

男：「我誠懇正直又善良」

女：「那我還好」

這種方式適合臉皮比較厚、喜歡追逐、需要征服感，又很嘴炮的男生。前面同樣給個看似很大的綠燈：「你覺得你是哪種？」聽起來就像是「我喜歡你這種」，但後面等對方回答完以後，再說個「那我還好」，就會重重地打臉對方。之所以適合這種男生，是因為妳要讓他覺得有樂趣，如果什麼都跟著對方的路徑走，對方很容易會覺得無趣。但如果妳喜歡的男生木訥又不是太有自信，請千萬不要這麼做。

多數人採取的作法都是單一路線，不是狂給綠燈就是狂給紅燈，就像妳去餐廳，整間店的口味不是都超甜就是超鹹，不管再怎麼好吃，久了都是會膩的，所以適時地做氣氛上的轉換，對於活化聊天氣氛及多樣性會有很大的幫助。

最後一個要說明的「預設立場」，是個極其重要的部分。如果妳不擅於調情，頂多就是關係進展速度緩慢、無法讓對方心癢難耐，但如果妳弄錯了預設立場，事情可不是「進展緩慢」就能夠形容的了。

前面有提到過，妳必須要先有「自己是個對象」的意識，這樣妳才敢做對象在做的事，這表示**妳要將自己的立場，設定為「對方的潛在對象」**。但很多人設定的都不止是這樣，有些人將自己視為「約會中正準備往交往關係發展的曖昧對象」、「對方很喜歡的人」、「對方很重視的人」，最糟的是乾脆將自己設定為「對方的準女友」，這些設定都會透過妳的言談來傳達給對方。

舉個例子吧！我有個朋友，有次使用交友軟體認識了一個女生，兩人聊了三天，也沒有約見面。某天女生一直追問男生在哪間公司上班，男生基於個人隱私的關係，再三推託不想回答，甚至說：「大家都是出來交朋友的，不要這麼苦苦相逼嘛！」最後女生回覆他：「好辣～我願意給你保有自由的空間。」女生說完這句話後，男生就再也不想回她了。

為什麼這句話不行呢？都願意給對方保有自由的空間了，還不夠大方嗎？

這句話的問題就是出在預設立場上。男生直接收到的不是「自由」，而是女生說：「我願意給你」，這豈不表示女生認為自己擁有可以控制對方自由的權利嗎？本來要不要說自己的事就是男生的自由，但女生這句話傳達出來的意思，是「我很大方，我願意讓你不用講」，拜託，妳誰啊？最後的下場當然是男生落荒而逃。

這就是預設立場所會產生的影響——妳認為自己是誰，以及妳認為對方跟妳的關係到哪裡，妳就會做出相應行為。人們總是會做出跟自己認知相應的事，但它未必就等於事實。一旦妳的認知跟現況的差距太大，戀情就會產生各種問題。

不論男女，和對象說話時的預設立場都是很重要的。**一旦我們預設自己是某個**

具有權利的立場，我們就會開始限制對方的行動，或要求對方做些什麼。例如認為對方要更快回訊息（OS是：最好是有忙到連回個訊息的時間都沒有啦！）否則就會因為覺得對方不夠重視自己而生氣。或是認為對方應該要聽自己抱怨、要安慰自己，所以一旦對方拒絕，就感到憤怒。這些都是由於前面的預設立場過於脫離現況所導致。

而另一種狀況，不是明確地認為自己跟對方是某種關係，而是自己對自己的認知。舉例來說，男生很常對自己覺得漂亮的女生說：「妳這麼漂亮，應該很多人追吧？」基本上當男生問完這個問題之後，對方對他的好感值大概就會下降一半了，因為這句話透露的訊息是：「我應該有很多競爭者吧？我贏得了嗎？」而會產生這個想法的前提，就是「我覺得我不怎麼樣，別人應該不會喜歡我」。當事人問這問題一方面是想刺探敵情，另一方面是想取得安全感，但這種作法多半不會讓他們得到自己想要的，只會讓對方覺得很煩。

同理，當女生問男生：「你都這樣跟女生講話嗎？」、「你的女生朋友應該很多吧？」就像男生問女生：「妳應該很多人追吧？」一樣是覺得自己可能不夠好、對方可能不會喜歡自己。這就叫作「自己對自己的認知」，也就是我在《為何戀情總是不順利》一書裡，不斷提到的**自我價值**。如果換成更普世的說法，就叫作**自信**。

如果妳的預設立場合理，例如將自己設定為「對象」或是「潛在對象」，那麼妳就敢給出更明顯的綠燈，心裡不會覺得尷尬或害怕，同時也不致於做出逾矩的發言。如果妳的預設立場太過保守或大膽，那麼不是不敢丟球，就是很容易把人嚇跑。

這一整章，雖然看似都在說明技術的操作，但最後能不能做到，還是取決於妳個人的心態層面。只要妳能把自己視為一個女人、一個對象，那麼妳就能輕易地做到前面所說的每一個範例。但如果妳對自己的評價就是很低，那麼會建議妳，**先從試著說些以前不會說的話開始，慢慢去累積自己的經驗值跟信心**，會對妳有比較大的幫助。

✦ 調情第一重點：一定要扯上「你」或「我」。

✦ 妳把自己設定為對方的什麼人，大大影響妳會說出什麼話。

✦ 稍微動點腦筋調整句子，會比平鋪直述得到更好的效果。

CHAPTER

4

把妳和他的步調兜在一起

——不同關係時期該做的事

有些女生很不喜歡步驟的感覺，這會讓戀愛變得很不戀愛，
但為什麼即使知道，卻還要特別寫出來呢？
因為人們的感覺並不是每次都準啊！
這些步驟最大的目的，是要幫助妳在行動的時候有所節制，
不要感覺對了就全部梭哈。妳得把自己當成一個遊戲，
並且設定關卡，當對方達成了某些條件，
下一個關卡才能解鎖，不然只要感覺對了就梭哈，
只會讓人覺得妳沒原則，或是沒有神秘感。

那些妳該知道的前情提要

在這一章，妳將會知道關係的流程運作，以及整體運作的具體內容。但在開始之前，有三件事要提醒妳：第一點，這些步驟是個普遍性的參考，通用於絕大多數的狀況，但人生沒有劇本，我也無法料到妳會遇到什麼，所以我希望妳專注於我之所以這麼說的原因，也就是運作「邏輯」上，而不是一味地想按表操課。只要妳能抓住我的邏輯，並且配合本書的其它內容，即使不照著這個步驟來行動，妳的關係也絕對會是順利的。

在每個步驟裡，我都加註了一個「行動指標」，指的是當達到什麼條件時，就可以開始進行這個步驟。但正如我前面所說，我也不知道妳會遇到什麼樣的對象，所以這些指標也只是一個我計算過後，最有機率成功的標準，不代表妳的狀況能百分之百吻合。請妳將它當作一個理性數據，搭配妳的感覺一起參考。

每段戀情都有它們獨特的內容和節奏，每個人也都有自己的個性和喜歡，沒辦法完全照著一個規則前進，所以要提醒妳的第二點，就是：不要給自己太大的壓力。

很多人都會害怕犯錯，怕自己一旦做錯了，就會兵敗如山倒。這個害怕的心情大大的限制了人們的行為和可能性，它讓人們的注意力，從「我想要」變成了「我不要」。當人們專注在「我想要」的時候，可以想出各種有創意的方法，來達成自己的目標，但當人們只能想到「我不要」的時候，行動就會被侷限於一個安全範圍內，以避免出錯。人只要開始恐懼，不管是思考能力或肢體表達能力全都會僵化，所以越是害怕犯錯的人，反而越容易得到自己不想要的結果。

別妄想一段關係妳從頭到尾都絕不犯錯了，這連我都做不到。很多時候妳根本不知道對方在意的點是什麼，甚至妳只是剛好長得像他討厭的前女友，根本什麼也沒做，對方就不高興了，這是要怎麼避免呢？既然有這麼多不可避免的事，那麼妳不如就放給他去，專心處理妳能處理的事。

在女對男的關係裡，女生的容錯率至少有四到五成，也就是說，只要十件事裡，妳有六件做得好，四件不太好，也還是可以被接受的。所以妳沒有必要把每件事都做到一百分，也不需要時時擔心自己是否做糟了，放開心胸放膽去做，即使妳的方法和我不同，只要能夠掌握大原則，說不定反而有更好的效果。

至於第三點，則是關於「期待」。

每個人都會有屬於自己的期待，這些期待可能是對自己的、對對方的。每個期待代表的都是我們對這個人或事的期許，也就是我們希望未來會變成怎樣，期待讓人們充滿希望、努力前行。但過度或是與現實脫節的期待，只讓人們的腳步變得沉重，或是引發關係的衝突，尤其是當雙方對關係的認知及期待不同的時候。

當人們的期待與現實有太大的落差時，期待落空幾乎是不可避免的，就像平常都不讀書、成績跟不上的人，一心期待自己可以考上台大醫科一樣。而越高的期待，則會引發越重的失落感，當失落感超過能夠忍受的範圍時，就會轉變成憤怒。

而在感情裡，這種因為期待落空而產生的憤怒，往往跟雙方對關係的認知不同有關。我們來看看下面這張圖表：

這張圖表裡呈現的，是A、B兩人對於目前關係的看法及期待。我們可以看到雖然兩人都不排斥約會，也對對方有好感，但在期待和定義的部分卻有很大的落差：A認為彼此是單一約會對象，同時希望對方更加主動做出推進關係的行為，好讓兩人能趕快交往。但B的看法卻是雙方

	A	B
對關係的看法	互相喜歡，屬單一約會對象	互有好感，保有約會自由
對對方的看法	喜歡自己	對自己有好感或喜歡
對對方的期待	更主動做出推進關係的行為	互動愉快即可
對關係的期待	趕快交往	順其自然，再多相處看看

保有約會自由，對關係的期待也僅止於多相處看看。在這樣的落差之下，很容易就會因為B稍微的冷淡，或跟其他異性有接觸，而引發A的不滿。

我代入實際的例子裡，就更容易明白：A和B約會了幾次，A很喜歡B，覺得對方也喜歡自己，但B其實只對A有好感，也不排斥繼續認識其它異性。所以某天B在IG上發了一則和其他異性出去吃飯的貼文，A看到後就覺得很火大，認為B是個渣，於是開始追問B那個出去吃飯的異性是誰，並且強烈表達自己的不爽，導致B覺得滿頭問號，想說：「我們又沒在交往，你管這麼多幹嘛？」

這就是對關係認知不同，以及期待落空時會有的現象。**「因為對方不符合自己的期待而生氣」，在吸引階段裡是非常危險的狀況。**我曾經不止一次看過學生因為自己的期待和對方不同，而對對方發脾氣，然後把關係搞砸，這是不論男女都有可能發生的事。

如果對方的舉動，讓妳覺得不被尊重，所以發飆想結束這段關係，那絕對是沒有問題的。最要不得的情況是：妳因為自己的期待落空而感到憤怒，可是實際上妳也沒有想結束這段關係，只是想利用這些情緒和手段，來迫使對方安撫妳的情緒，或達到妳想要的結果，那麼這樣的作法就會大幅消耗關係。

之所以要在說明步驟之前提到這個，是因為很多人在採取了一些行動之後，就會想立即看到成效，如果對方看似沒有反應，當事人就會自己焦慮個半死，一直想著：「怎麼會沒用？他看起來好像沒反應？我是不是應該要怎麼樣比較好？」這些想法不僅無助於關係進展，反而會將當事人推入更不利的局面之中。

千萬不要過度在意自己每一個行動所產生的效果，別期待魚會每個餌都吃，這只會徒增自己的焦慮和煩躁。**有時候行動沒有產生效果，是因為對方自己的關係，例如那不是他的接收方式、他根本沒注意到、他當時注意力在別人身上……等等。**如果是這種情況，那麼妳只需要持續的行動，對方總有上鈎的一天。

但有時候，妳的行動之所以無效，是因為妳完全誤判了整個狀況，例如**對方根本沒有喜歡妳，但妳卻一直以「對方喜歡我」為前提來行動，那麼當然做什麼都會不如妳預期。**這也是為什麼在接下來的步驟裡，我會寫上行動指標的原因：即使妳已經沖昏了頭，也還有個稍具理性的指標可以幫妳醒醒腦。

我知道有些女生很不喜歡步驟的感覺，這會讓戀愛變得很不戀愛，但為什麼即使知道，卻還要特別寫出來呢？**因為人們的感覺並不是每次都準啊！**如果每次都這麼準，也不會有人把這本書看到這裡了不是嗎？

這些步驟最大的目的，是要幫助妳在行動的時候有所節制，不要感覺對了就全部梭哈。妳得把自己當成一個遊戲，並且設定關卡，當對方達成了某些條件，下一個關卡才能解鎖，不然只要感覺對了就梭哈，只會讓人覺得妳沒原則，或是沒有神秘感。男人普遍不喜歡沒原則的女人，這會讓人覺得很沒安全感：妳今天感覺對了就跟我上床，誰知道妳會不會哪天感覺對了就跟別人跑？

建立屬於妳自己的關卡和原則，是非常重要，而且對妳具有保護作用的事。我相信絕大多數的女生都不隨便，但**當妳不知道自己正受到什麼影響、無法堅持自己的底線時，別人不會覺得妳的行為是因為他很特別，只會懷疑妳是不是對每個人都這樣。**這是很吃虧的，明明是一片真心，卻被別人錯誤解讀，真的會讓人幹意滿點，這也是為什麼會推薦妳按照步驟前進的原因。

而另一個設定關卡的原因，則是「人們喜歡進度感」。一旦人們感覺到自己有成功的推進度，就等同於看見自己的努力有了回報，而「努力有回報」的正向回饋，是讓人想繼續努力的一大原因。

很多女生不知道怎麼讓人覺得關係有在前進，只知道要設下地獄等級的關卡等對方來闖，卻不知道要適時的給予過關獎勵，所以男人們追一追就會放棄了。這並不是因為這些男人沒毅力，雖然有能力的男人都喜歡挑戰，但他們喜歡的是「我有機會挑戰成功」，而不是自殺。所以步驟的存在，也等同於讓妳開放過關獎勵給對方，適時地激勵對方繼續照著妳的遊戲規則前進，不要讓好對象因為挫敗而中途放棄。

接下來的文章，會先讓妳知道戀愛的流程圖，以便妳即使不想使用十個步驟，也能掌握關係的節奏。並且我會將整個流程階段區分為三個不同的時期，給妳共計十個步驟，讓妳能更為妥善的運用本書的內容。

這些步驟的命名只是我認為在那些階段的行動主軸，不代表只有在那個時候能使用。絕大多數的時候，**步驟裡的行動會交錯出現在各個階段**，例如第四步的反差感、說故事，妳同樣可以用在後續的階段裡，不要拘泥於我的文字，**最重要的還是妳要能夠在整個關係裡，感受到戀愛的喜悅。**

好了，前情提要交代完畢，現在先讓我們來看看關係的流程長什麼樣子吧！

關係流程圖

戀愛之所以麻煩，就是因為很難有一個可以遵循的既定流程，這也是大多數人覺得戀愛難教或難以學習的原因。在這裡，我建立了一個基本的關係流程，是我整理出來通往長久關係最基礎與安全的模組。當然，在很多情況下，關係並不會完全照著這個流程走，這只是統整出來的一個方向，提供給妳作為參考。

如果妳有看過《從左手到牽手》，不難發現其中有很多地方是類似的，因為人際關係說到底，就是人與人之間的交流所得出的產物。而歸根究柢所有人類在追求的東西都差不多，所以模組自然也不會有太大的差異。

我先簡單介紹整張圖的流程走向，之後會在後續的文章中說明每個階段的具體

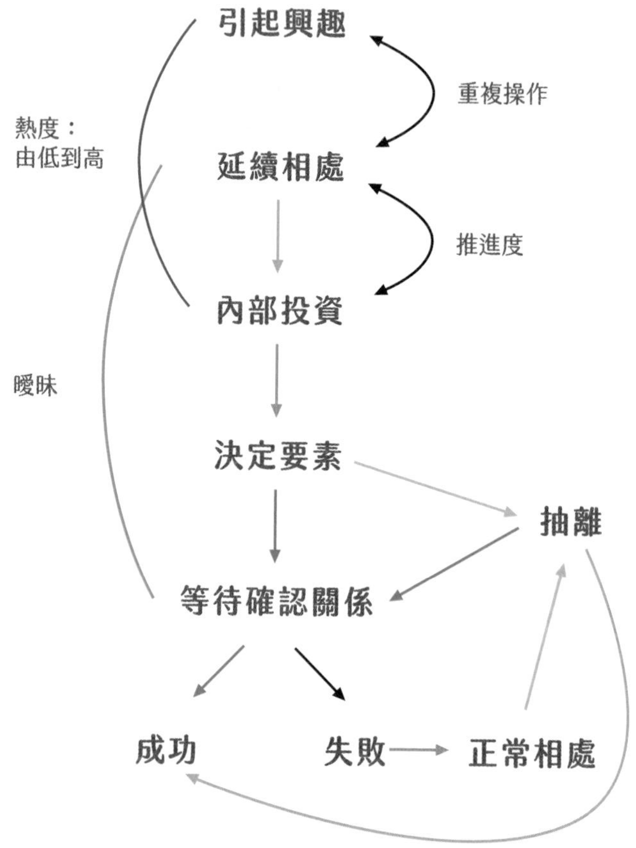
引起興趣
重複操作
熱度：
由低到高
延續相處
推進度
內部投資
曖昧
決定要素
抽離
等待確認關係
成功
失敗
正常相處

應用。

這張圖涵蓋了從認識到交往的過程，這裡所謂的「認識」指的並不是實際上的認識，而是從兩人開始有互動算起。關係的開始，必定要有一方主動，而主動的原因，在出了社會、無法像過去學生時代必須時常見面之後，通常必須伴隨好感，也就是「對這個人感興趣」，兩人才會展開互動，所以第一步就建立在「讓對方對妳有基本程度好感，願意與妳有後續相處」這點，也就是「引起興趣」上。

在對方願意有基本互動之後，才會有「延續相處」的可能性。而在延續與對方的相處時，仍然要不斷地重複引起興趣的動作，以避免對方的興趣消失、冷掉，所以在這裡，我們必須反複進行引起興趣及延續相處。

當我們開始持續與對方維持穩定的相處後（這裡指的並不是實際的時間長度，而是**熟度**），就可以開始讓對方「產生內部投資」（關於內部投資，可參見《從左手到牽手》或《是男人沒有眼光，還是妳不懂得發光》）。別忘了，**讓一個人喜歡妳的方法並不是與對方相處的時間有多長，而是讓對方在妳不在的時候花更多時間想**

妳，也就是增加對方的投資。

進行引起興趣、延續相處、讓對方產生內部投資這三個步驟時，一般給女性的建議是由低到高，這是很合理的關係進程，由不熟到熟、由不了解到了解，所以兩個人的互動變得越來越熱絡。之所以不像建議男生一樣，一直把熱度維持在極高的狀態，是因為對多數女性來說，交往後的關係品質也是一個重要考量，如果前期一直維持在高熱度，很有可能會縮短妳的觀察期，同時增加妳鬼遮眼的程度，以致於妳無法認真看清對方的本質，也就會提高妳遇人不淑的機率。

如果前面的步驟完成得相當紮實，基本上距離進入交往已經不遠了，只要有個好的時機、兩人關係再更親近一點就可以確認關係。但如果前面的步驟並沒有讓關係達到曖昧的效果，這時我們就要採取一些補正的動作，也就是圖中的「決定要素」。「決定要素」涵蓋的範圍較廣，從加強心動感到克服外在阻力都有，所以在這裡先不多加說明，等到後面的章節再細說。這裡先讓大家知道，這是一個補正用的動作，如果關係順利的話就不必執行，可以直接跳到「確認關係」。

「確認關係」也就是眾所週知的承諾——雙方是否承認交往關係。在這裡我覺得大家要先有一個基本認知：誰開口說要交往其實不重要，重要的是關係是否到了雙方想要交往的程度。當對方對妳的喜歡程度，還沒有高到想要交往的地步，那麼不管妳用什麼方法告白、明示暗示想要交往，效果都不大，對方裝死的機率是非常高的。如果妳們的關係已經很不錯了，這時候通常我會建議可以稍微等一下，或是暗示一下對方，讓對方主動開口，這有助於他認為這段關係是他自願開啟的。如果妳們的關係已經非常好了，那麼我覺得誰先開口都無所謂了，趕快在一起然後進入下一個階段比較要緊。

那麼如果妳一直等一直等，等到花兒都謝了都還沒等到，最後終於自己主動開口了，但對方卻說還要再想想呢？這時候有可能是對方還想再多觀察，他可能對於某些事情還有顧慮，那麼妳就等吧！在這段時間裡，還是要記得保持平常心，讓自己和對方相處的時候保持愉快的心情，不要因為對方一直遲遲沒給答覆，就開始奇奇怪怪或發脾氣，這只會增加把對方趕跑的機率。

如果在妳們正常相處了一陣子（通常為一個月左右），對方還是沒有提起關於交往的事的話，妳可以再度提起看看，如果還是被拒絕，那就要準備往「抽離」的方向發展。

「抽離」在多數人的認知裡，就是所謂的欲擒故縱，但很多人無法理解「抽離」的真正用意。我常常遇到來找我的人，在關係已經爆炸，對方已經開始愛理不理之後，才問我：「那亞瑟，我現在是不是應該要欲擒故縱？」請問人都跑了，妳還要縱什麼？

所以如果妳已經把整段關係給砸了，雙方也沒什麼男女之外的感情基礎，那妳的離開對於對方是完全不具效力的。所以這也是為什麼我們會花許多時間在「延續關係」上，因為不論是要建立長期關係，或是讓對方決定跟我們交往，關係深度都有很大的影響力。

到了「抽離」這步，妳就必須要下一些決心了。**「離開」不是為了讓對方回來**，這只是可能出現的附加效果。「離開」主要的用處在於讓妳能不被限制，面對關係能用一種更隨緣的態度，明白如果兩個人在一起很好，但如果對方有他的原因無法跟妳交往，或是不想跟妳交往，那也無妨，妳仍然有眾多的選擇及美好的人生。當妳用這樣的態度去面對關係時，才是真正的離開，而不是欲擒故縱、虛情假意的使用手段。使用手段的副作用很強大，因為妳可能根本忍不了多久，最後還是會自爆，所以這裡的「離開」指的是**真正的、心理上的離開**，而不是表現或手段上的離開。

當妳離開之後，對方很有可能因為妳的不在，而開始想念妳的好，然後產生想擁有這段關係的想法，這時候對方多半會回頭聯繫妳，但誰知道到時候妳還想不想跟他在一起呢？

以上是整張圖的流程，中間的線條顏色則代表了妳的熱度，越暖色系代表越熱，越冷色系代表越冷。不同時期伴隨著不同程度的在意，會幫助妳讓自己的得失心不要過高，情況也比較不致於失控。

接著我們要來看看，這些流程被化作具體行動時，該怎麼做。

陌生期

剛認識時，該如何讓對方產生興趣？

我將「從認識到交往」的過程，大致上分為三個時期，分別是：陌生期、約會期、曖昧期。這三個時期並不代表時間的長短，從開始到交往的時長因人而異，有些人花了兩年，有些人只需要五天。但不論花了多久，它們都分別會有一些現象。

在這個小節裡，我們要講的是「陌生期」所要採取的動作。「陌生期」指的是雙方最一開始認識的時期，彼此都還沒有太多的了解，所有的好感都建立在外在表現上。在這個時期裡，除非妳天生麗質條件好，或是妳剛好是對方的菜，否則就需要做

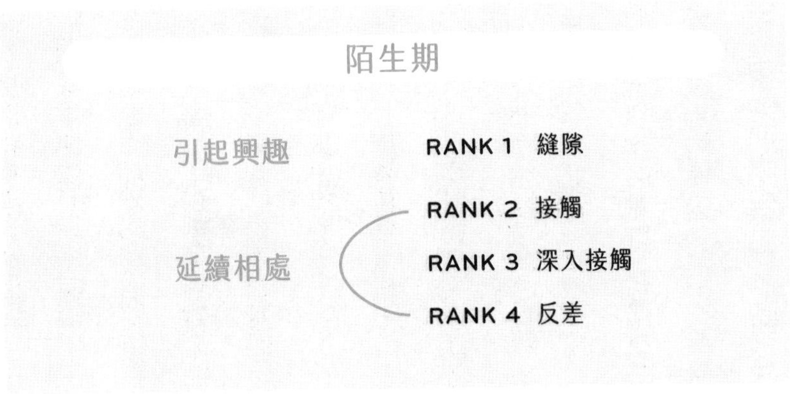

些什麼，才能讓關係的延續變得更加容易，不然就只能賭人品，看老天要不要給妳個機會。

在「陌生期」裡，最主要的階段性目標，是讓妳們有後續相處的機會。不需要急著在這個時期讓對方無法自拔地愛上妳，那太不切實際了，妳需要的只是讓對方先對妳產生興趣，並且後續能夠保持聯絡，這樣就夠了。

我們來看看在陌生期裡，要做的事對應到我們的流程圖，會長什麼樣子：

縫隙

行動指標：初識

「要怎麼讓對方對我感興趣？」是很多人在關

係初期時都會遇到的問題。有時候我們會在意料之外的場合，邂逅一個不錯的對象，心裡除了謝謝月老有保佑之外，另一個OS常常都是：「那我現在該怎麼辦？」

還記得前面的章節裡提到的主動嗎？當妳遇到不錯的對象時，第一個要做的事情，就是「主動創造讓對方能靠近妳的縫隙」，妳可以請對方幫妳的忙、多看他幾眼，在眼神交會的時候不要避開，對著他笑、讓你們的共同朋友去放話，讓對方知道妳覺得很他帥或很可愛……。不管妳選擇哪一種作法，重點在於讓對方知道靠近妳是安全的，而且**妳覺得他不錯！**

千萬別省去「覺得對方不錯」這個要素，否則妳們的關係將會視認識的場合，產生定向進展。例如妳們是在課程裡認識的，那麼妳們就會成為進修之友；如果是在BNI早餐會認識的，就會成為人脈；如果是在直銷大會認識，就會成為上線和下線。**只要除去了「她好像覺得我不錯」的要素，對方就只會認為妳和他接近只是因為當下場合的原因**，例如想賣他東西、一起學習、有共同興趣，那麼他要不是不理妳，就是跟妳的相處只會討論這些東西。當然，如果妳長得超正，請直接忽略這一節。

妳不需要到兩眼直冒愛心、好像很「哈」對方的樣子，只需要覺得「哦！美賣哦！」這個程度就夠了。只要對方覺得「妳覺得他不錯」，就會對妳產生額外的注意力。這個額外的注意力不見得會很多，但就是多賺到的，而且這會讓對方樂於和妳有更多接觸。

接觸

行動指標：引起對方興趣之後

當妳完成了上述的步驟，或妳什麼也沒做，對方就主動來靠近妳之後，接下來就要展開初步的接觸。而這初步的接觸，通常會和「縫隙」在同一段時間裡發生。除非對方看起來很像主辦單位，而妳看起來很像那個場合的邊緣人，否則對方只要有來跟妳接觸，基本上就應該對妳存有10以上的好感。

好感基本盤會根據不同的狀況而有差異，從10到50都有可能。但沒關係，我們這裡抓最保守的數字就好。別小看這個小小的10，這個數字就足以讓妳們開始最基本的接觸，而只要有接觸，就存在操作空間。

就如同我教男生的一樣：「如果你不是金城武，就不要幻想對方一開始就會愛上你。對方一開始有沒有喜歡你根本不重要，重要的是她後來有沒有喜歡你。」這點套用在女生身上也是一模一樣——別浪費時間在一開始就建立不切實際的期待，一見鐘情通常都不會發生在自己身上。

所以在初次接觸的時候，妳只要做到幾件事就好：**不難相處、像個女人、能言善道或擅於提問擇一、覺得對方不錯**，這樣就可以了。

不難相處指的是：不要句點、不要高姿態、不要愛理不理；像個女人前面的章節裡提過了，就算不知道要怎麼很有女人味，至少也可以在外形上稍作努力；能言善道或擅於提問，看妳是喜歡主動講話分享，還是樂於傾聽發問，兩種都各有市場，只要不要難聊就好；覺得對方不錯，則是不要避開對方的眼神、身體正面對著對方、對對方笑、對對方好奇。

如果妳們初次接觸的場合，是有更多時間的，那麼妳可以試著跟對方多聊一點、對他提出更多問題（記得不要只問現有資訊，**多問想法**）。如果是類似聯誼的場合，那麼在有限的時間裡，妳就只要做到上面說的那些就好，然後可以主動交換聯絡方式，把戰線拉長。

深入接觸

行動指標：接觸之後對方有合理或熱絡回應

所謂的「深入接觸」不僅僅是第二次接觸，它包含了到下一個步驟以前的所有接觸行動。在這個步驟裡，主要要做的事情，是增加彼此的熟悉程度，以及觀察對方。比起過於快速的推進關係，在這個階段裡穩紮穩打，加深感情基礎並且讓雙方有更深入的了解，反而是更為重要的。

如果妳對於聊天並不擅長，這裡建議妳一個實用的小作法，叫作「一問二答」——對方拋出一個問句，請用兩個句子去回答他。例如對方問妳喜歡看電影嗎？妳可以回答「蠻喜歡的啊，我很愛看恐怖片」，而不是只回一句「蠻喜歡的」就結束，這會讓人家很難接。另外，作完回應之後，也可以再向對方丟出一個問句，讓雙方都有時間表達自己。例如對方問：「妳喜歡看電影嗎？」妳回：「蠻喜歡的啊，我很愛看恐怖片」，接著可以再多問一句：「那你喜歡嗎？」或是「你很常看電影嗎？」這會讓整體的對話變得更為流暢。

由於在這個步驟裡，很強調多觀察對方，所以前面章節裡提到要知道的資訊，此時就可以派上用場。妳可以在兩人開始變得熟悉之後，多詢問對方這一類的問題。除此之外，也記得多問問對方的原因和想法，不要只是想得到一個答案。

「對方為什麼是這樣」遠比結果來得重要，它關係到對方的思考方式和人生經驗，進而形成了對方的行為模式。雖然談戀愛不見得要能夠預測對方的行為反應，但如果妳想成為一個 player 的話，抓住對方的行為模式是極其重要的。當妳能搞懂對方的大腦是怎麼運作的、受到什麼經驗的限制，就很容易推測出對方在接收到妳投出的刺激之後，會產生什麼反應，藉此達到妳想要的效果。

反差

行動指標：兩人熟度上升到能愉快聊天或出遊

當妳和對方建立起了至少比一般朋友再更多一些的交情之後，妳們對於雙方都會有一定程度的了解，同時彼此對於對方的形象，也已經開始成形，簡單來說，就是妳心裡會認為對方大概是個怎麼樣的人（例如：大方、活潑），而對方也會對妳有這樣的概念。

當形象形成之後，我們就要利用這個既定的印象，來創造反差感。藉由反差來塑造妳的立體度，讓對方產生驚奇，並且想花更多時間來了解妳。

這一步通常是關係是否會上升到下一個階段的關鍵，很多人之所以會遇到「對方明明一開始對我有好感，但中間就冷掉」的狀況，都是因為沒有適時建立更多元立體的形象，一味守住自認為「好」的樣貌，而這種「好」多半又ㄍㄧㄥ又政治正確。它一開始的確能有效吸引喜歡這種好女人標籤的男性，但時間一長，就很容易膩。

所以在這裡的首要目標，就是創建反差。反差感可以透過許多不同的形式來呈現，只要妳出現了任何和妳的標準形象不符的言行舉止，讓對方的預期和妳的實際行為產生落差，就會形成所謂的反差感。

要特別注意的一點是：落差往哪個方向移動，決定了這個反差是正向感受還是負向感受。

我們來看下圖：

當妳原本的形象，從偏左側的普世負向或對方陰影，產生了一個往右（普世正向或對方自卑點）的落差，那麼對方就容易產生正向感受，例如小混混餵流浪貓吃罐頭，就是產生了從左側到右側之間的落差。而對方自卑點，則是用來讓對方覺得妳很親切、比較敢靠近妳，例如：看起來精明能幹的

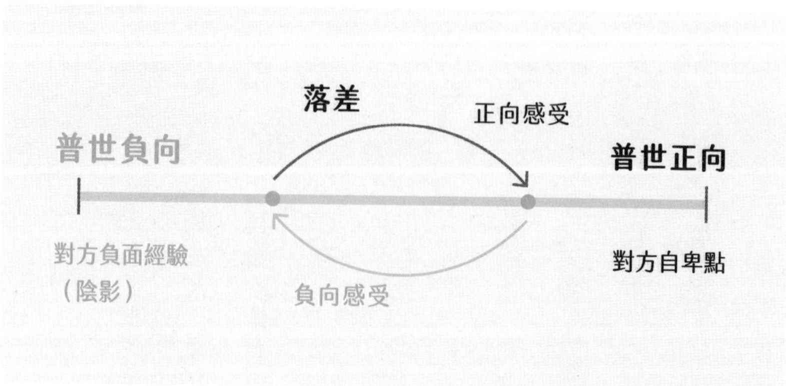

妳，居然是個路痴，東西南北分不清楚時看起來很慌張，就屬於這個類別。

那如果妳的落差是自右而左的呢？這時候就會產生負面的感受，也就是俗稱的失望或破滅，例如滿口仁義道德的老師被抓到嫖妓，就會讓人嗤之以鼻。除了普世負面向的狀況外，如果妳往對方的陰影移動，也會讓對方覺得妳並不像他想得這麼好，或是不符合他的價值觀，而產生負面感受，即使這件事在別人眼中看來並不嚴重。例如看似獨立，但一直跟對方抱怨。如果對方曾經有過很愛抱怨的女友所帶來的陰影，就會讓他產生極大的抗拒及厭惡感。這也是為什麼要在上一個步驟裡花這麼多時間了解對方的原因，如此一來妳才能摸清對方的點。

除了用反差感來建立多元以外，另一件重要的事情，則是給予對方價值感，**讓對方和妳相處時，覺得自己是有用的。**這種良好的感覺會讓他想要花更多時間和妳相處。

給予價值並不限於用言語稱讚，也可以利用前面章節裡提到的「讓他幫妳一個忙」來達成。無論怎樣的形式都行，只要能讓對方產生「我有用」、「我很棒」、「只有我能做到」、「妳信賴我」、「我有男子氣慨」之類的感覺就行。

如果妳在陌生期裡，將這四個步驟完成（內容不見得要完全按照順序），那麼現在對方應該會對妳有幾種感覺：一，妳是個女生；二，我們有點熟；三，妳跟我想得不太一樣；四，跟妳待在一起很開心、很舒服。

只要這四點同時存在，那麼對方對妳至少會有30以上的好感度，在沒有其它外力及環境因素的情況下（例：辦公室戀情、上司和下屬的關係、某一方有伴侶），妳們就會開始進入約會期。

約會期

約會一陣子了，怎麼維持熱度？

到了約會期，雙方的定位已經從「潛在對象」轉變為「對象」，對於比較曖昧的行為，接受程度也會提高。所以在這個時期，我們的目標要從「良好的互動」改為「更大量的高熱度互動」，盡可能增加彼此相處的機會，包含電話、約會……等更直接的接觸，在約會期裡都要比陌生期來得更頻繁。除非妳想花更多時間觀察對方或是培養彼此的友誼，否則約會期妳得像燈塔引導海上迷途的船一般，做出更明顯的綠燈來指引對方。

很多女生到了約會期就會開始自亂陣腳，腦內小劇場像好萊塢一樣各種上演，這

約會期

內部投資

RANK 5 展現脆弱

RANK 6 融入生活

RANK 7 依賴

是對於不擅於戀愛的女生來說最危險的事。它不僅會過度增加內部投資，影響妳的心情和行為，也會讓妳的腦子開始無法客觀判定現實，同時，還有很高的機率讓妳產生過高的期待，導致因「期待不被滿足而發生衝突」的機率提高。

雖然大家都說戀愛最美好的就是曖昧時，的確，沒有東想西想、和姐妹討論，就好像少了一味，但也請妳適時地控制一下腦中的影視業，別讓它們過於蓬勃發展。請記得，這個階段妳要做的是讓對方產生更多內部投資，而不是妳自己拼命投資。

那我們來看看，這個階段裡要做的事對應到流程圖裡，會是哪些：

展現脆弱

行動指標：沒有一定，但要約會一次以上，判定對方至少對妳有好感後

展現自己的脆弱面是個很因人而異的操作，一般來說，人們會傾向將自己脆弱的一面展現給有足夠信任感的對象，所以當我們接收到「這個人現在有點脆弱」的訊號，在無意識間就會產生「我們關係很好，他很信賴我」的感受，這就是這個步驟要達到的效果。

但妳必須特別注意以下幾個狀況：一，妳是否本身看起來就很柔弱、需要被保護，如果是，那麼這個方法在妳身上的效果就不大。如果不是，妳看起來獨立自主，那麼這個方法就非常適合妳；二，妳使用的頻率有多高？妳時不時就看起來很崩潰、傷心難過嗎？如果是，請減低妳的頻率，並且不要再特別使用這個方法。如果妳每天看起來都歡天喜地或勇敢堅強，那麼偶一為之是沒有問題的；三，脆弱並不等於抱怨，脆弱的感覺是難過而不是憤怒。展現脆弱也不是把自己的負面情緒交給對方負責，妳要做的僅僅只是「讓對方看到妳傷心、難過」，但妳還是要自己去揹負妳的情緒責任。

如果對方只把妳當成朋友，當妳展現脆弱時，基本上只會得到拍拍或敷衍，端看對方的個性及妳們的交情而定。但如果對方對妳有好感、有將妳視為一個對象，那麼在妳展現脆弱時，他就會想要表現出他認為好的、有魅力的一面，來應對妳的狀態。不過請妳不要抱太大的期待，因為他的這一面有可能很爛。我曾經聽過男生在安慰女生的時候說：「妳不要哭，妳哭的時候睫毛膏會沾到臉，看起來髒髒的。」所以為了避免對方的表現爛到讓妳崩潰，我會建議妳，直接下達指示給對方，這樣比較不傷感情。

妳對於對方表現的評價如何是一回事，但如果妳發現對方在這個時候開始裝MAN、裝帥、裝霸氣總裁，或是特別溫柔、包容、超級正能量……等等，出現跟平常差距很大的狀態，那麼基本上妳就可以確定他對妳是有好感的。

展現脆弱的行為，不僅可以拉近雙方的距離，同時也是讓對方有表現的機會。試著讓對方有機會可以關懷妳、保護妳，那麼他就會感覺自己是個有用的男人，價值感再度建立。

這個作法有個小訣竅，就是挑大一點的壞事來說。人們的感覺機制很妙，對於好事，我們喜歡聽小的；對於壞事，則是大一點的會讓人有感。

什麼意思呢？假設，妳今天告訴別人妳中了樂透頭獎，那麼對方可能會心懷不軌或忿忿不平，因為這好事太大了，只會造成別人的嫉妒。但如果妳告訴對方妳在路上撿到一百元，那麼別人就會替妳高興。至於壞事的部分，小的壞事會讓人覺得妳愛抱怨，但大一點的壞事會讓人覺得自己被信賴。例如妳說：「我今天走在路上跌倒了，好衰喔」這就是抱怨，但如果妳告訴對方：「我小時候爸爸外遇，那段時間我都很難過，覺得是不是自己做錯事」，因為它不屬於沒事可以隨便跟路人說的等級，所以別人就會覺得自己是被信任的。話雖如此，但請記得，是「大一點」的壞事，不是很大的壞事，如果妳在兩個人其實沒有到很熟的情況下，突然跟對方說妳每天都想自殺，那麼對方也會一下子不知道該如何是好。

所以，在展現脆弱這件事上，妳可以挑一個稍微大一點、不是隨便會跟別人說，但也不到需要嚴加守密等級的事來告訴對方。這種程度的事既能讓人感覺被信任，同時它多半也是個妳能自己處理情緒的事件等級，對於雙方來說的負擔都不會太大。

融入生活

行動指標：聯絡頻率顯著上升並保持穩定後

到了這一步，前面該做的鋪陳及準備事項都進行得差不多了，我們就要準備卯起來提升關係的熱度了。

在這個步驟裡，妳要設法讓關係熱度保持住，如果可以，就盡量每天聊天，即使妳可能有很多事要忙也不要偷懶，這攸關妳的幸福。除此之外，也要增加妳們見面的頻率，盡可能讓妳們有更多實體的互動。如果妳談的是遠距，要嘛就是想辦法見面，不然就只能靠電話來完成，但這需要更為強大的聊天能力及聲音控制力，因此一般不推薦。

注意，這裡指的「見面」，**不見得要是很正式的約會**，下班一起吃個宵夜、在附近公園散步三十分鐘、跟對方一起走回家……等等，都算是見面的一種，但如果妳們是同事，在上班的時候看到對方就不算。

之所以要強調是見面而非約會，是因為重點在妳們有多少相處的機會，而相處的時候又在幹嘛？只要相處時間裡專注力都能集中在彼此身上，去哪裡根本不重要。比起兩人千方百計喬出一次長時間的約會，我更傾向短時間但高頻率的見面。

久久一次的長時間約會，必須經過精心設計及各種事前安排，再加上約會中的人們可能會裝模作樣一整天，這些都會讓疲勞度大增。而且這種「特別計劃」的感覺，會讓人覺得它很特別，可是不是生活的一部分，也就是說，「妳出現在他的生活裡」並不是一種常態。

但短時間且高頻率的約會就正好相反，吃點宵夜散散步，或是一起走路回家一點都不特別，它是每天都可以發生的事。但正因為它容易發生，所以顯得更加生活化。較高的頻率能讓彼此感覺對方時常出現在自己的生活中，成為自己生活的一部分。而且因為不必特別計劃，時間又短，大家裝起來不會太辛苦，整體相對就不會那麼疲勢。

在見面的過程裡，請妳增加肢體接觸的頻率，稍微拉長時間，並且將接觸範圍移動到非朋友區的領域。這裡指的是類似手臂內側、手腕等部位。

當妳們的關係到了這個程度，就多一點主動，不要再等對方來約。給對方更多直球，主動開啟話題、敲對方、約對方出去、打給他。暗示還是可以有，但明確的動作要更多，讓對方明顯感覺到關係的變化。比例大概是三次互動裡，至少有一次是妳主動，但不能多於兩次。

依賴

行動指標：每天熱絡聊天（或對方在意程度明顯上升），見面三至五次以上

在經歷了上一個步驟的顯著增溫，接下來我們要開始讓關係逐漸成型，為下一個階段作準備。所以在約會期的最後一個步驟，就是開始塑造更單一的關係。首先，妳要做的事情是「稍微依賴對方」，將對方在妳心中的地位拉高，展現更多女人的姿態，鞏固對方認為自己是個男人的良好感覺。

跟展現脆弱所要注意的點相同：妳的特性越堅強，依賴就越有效、不能完全依賴對方，仍然要為自己負起獨立的責任，讓對方感覺自己是被想要而不是被需要。

依賴和展現脆弱不同的地方在於：一，即使妳給人的感覺比較柔弱，也可以依賴對方，但請讓他感覺到，妳並不是對每個人都這樣；二，依賴的頻率可以不用太低，但請挑選小的、對方能做到的事，例如偶爾陪妳回家、陪妳講講話、陪妳去買衣服……等等，千萬不要挑太困難的事給對方，否則會提高妳氣到內傷的機率，而且他覺得自己做不好會很沮喪。

另外，在這個步驟，請妳更有意識的控制自己的聲音。雖然人們在面對喜歡的對象時，聲音本來就會有差異，但請妳有意識的知道自己在做什麼，而不是靠著本能行動。

除了在相處時可以讓聲音變甜以外，也盡量讓自己的聲音距離變近，這點主要應用在講電話的時候。「聲音距離近」會讓人產生「我們關係很近」的感覺，因為聲音距離同時代表的也是關係距離，我們不可能用上台演講的聲音距離跟隔壁同事說話，而是依照當時的實際距離來發出聲音，所以反過來，當妳用很近的聲音跟對方說話，在電話另一頭的他，就會接收到「我們很近」的訊息。

最後一個在這個步驟裡要做的事，就是吃掉對方的時間，盡可能在你情我願的情況下，把他所有的空閒時間拿下。

為什麼要這麼做呢？第一，拉長妳們的相處時間是重要的，這個行動一方面可以讓妳掌握節奏（他每天都花時間在妳身上，妳還會不知道現在是什麼狀況嗎？），另一方面會讓對方沒有太多時間去和其他對象發展，就會慢慢塑型出單一的關係。

妳可能會很擔心：「可是如果他覺得我太黏怎麼辦？」一般來說，我不會太擔心這件事，因為我前面說到了，是在「你情我願」的情況下，不是妳一直逼迫對方見面聊天。只要雙方都有意願花時間在對方身上，比起「黏」，多數人對於這種頻繁相處的關係，會更傾向於「熱戀」或「熱情」。而且這個步驟已經很接近曖昧期了，更不要說本書裡的曖昧期還是我以極端保守的定義裁定出來的，對一般人來說，甚至在上個步驟裡其實就算是曖昧了。當人們在曖昧的時候，界線都是模糊的，要等到激情過去之後才會恢復理智，所以妳真的不用太擔心。

第二個要吃對方時間的原因，則是為了把熱度拉到高點。基本上只要熱度拉高到一個水平，並持續維持，中間沒出什麼包，對方也沒什麼毛病，那麼離交往就很近了。但如果熱度一直拉不起來，始終維持在「好像有點什麼，但又好像沒什麼」的水平，那麼其中一方，甚至是雙方，就會懷疑對方到底有沒有喜歡自己。時間一拉長，就很有可能節外生枝，或是無疾而終。

在這個即將進入曖昧的步驟裡，請妳透過吃掉對方時間的方式，收攏對方可能存在的關係，讓它盡量開始單一。並且注意讓自己的異性魅力往上抬升，盡可能讓對方感覺到妳是個女人，但是個相處起來舒服自在，又不會無趣的女人。

如果妳在約會期裡，能確實完成這些步驟，並且妥善處理自己的情緒及內部投資，那麼你們現在應該已經打得火熱了。而關係應該會出現幾個狀況：一，對方覺得妳們關係很好；二，對方認為妳是信賴他的，甚至覺得自己是特別的；三，對方認為自己能對妳做出貢獻，而且妳沒有視為理所當然；四，妳們是彼此生活中的一部分。

陌生期對方對妳產生的感覺，會在約會期裡被深化，再加上這四個感覺的累積，現在的好感度多半會落在50～60之間，這時候，就可以進入曖昧期。

曖昧期 越來越曖昧了，怎麼進入交往？

「曖昧期」是吸引的最後一個時期，如果妳前面的步驟都有紮實地完成，也沒有出現讓男人不想跟妳交往的原因，那麼在這個階段裡，妳應該只需要專注的享受戀情，等待確認關係的時刻到來。但如果前面有些什麼地方，是妳沒留意到的，那麼在這個時期裡，可以花點時間來補強。

要讓對方想跟妳交往，有件事妳必須先知道：主導人類做決定的，從來都不是理性。人類在下決定前，雖然多半會經過理性的思考，但因為理性並不具備任何直接的感覺，所以通常都是力量薄弱的一方，真正能影響人們的，都是感受。就像在減肥的時候，明明知道不能吃雞排，但當妳聞到了雞排的味道、看到別人在吃，而妳又正好餓得要命，那麼「想吃雞排」的感受就會直接壓倒「不能吃雞排」的理性思考，讓妳走到攤子前面點了一份雞排和甜不辣。

真正影響人決策的是內在的驅力和阻力，也就是欲望和恐懼，這兩者才是對人們來說有實質影響力的。「欲望」的部分，已經用雞排作了說明，那麼「恐懼」又是怎麼驅使人們行動的？

很多想挽回前任的人都知道，不要一直去煩人家是個比較適當的作法，但當他們越害怕對方會不會已經另結心歡、會不會忘了自己，「不要聯絡對方」的理性念頭就會越來越無力，因為恐懼的大軍已經壓境，於是最後又發了訊息給對方。

看！誰不知道減肥不能吃雞排？誰不知道不能一直騷擾不想理人的前任？為什麼人們還是不斷做出這樣的行為？因為控制人的根本不是理性，而是感受。

所以在這個階段裡，我們最主要的任務就是強化對方「想在一起」的欲望，或

曖昧期

決定要素	RANK 8　撒嬌
離開	RANK 9　離開
確認關係	RANK 10　破關

是「害怕失去妳」的恐懼。還記得前面所說：「人會基於快樂追求內容，迫於恐懼追求形式」嗎？你們的相處必須開心，他才會想一直來找妳，但同樣的，如果他想要得到更多，你們的關係就必須更進一步。這也是為什麼這麼多人會說「不要讓對方予取予求」的原因，如果對方要什麼有什麼，那他就失去了要讓自己進入交往關係、去承擔一段一對一關係的理由。

我們來看看對應到流程圖，在曖昧期我們有哪些步驟：

撒嬌

行動指標：每天高熱度聯絡、約會至少三到五

次後

這個步驟要做的事情是強化或洗白，盡可能強化對方和妳相處時愉快的感受，同時，如果妳身上存在對方會猶豫或覺得不能接受的點，那麼就洗白它。這兩件事情可以同時進行，它們沒有衝突。

我們先講強化：到了這一步，要強化的已經不再是相處是否愉快了，而是對方的獨特性，也就是「對妳來說，這個人跟朋友有什麼不同」。

人都喜歡自己是特別的，獨特感會讓我們一方面有安全感，認為沒有人能輕易取代自己，一方面又讓我們覺得自己很厲害。它可以同時減輕人們的不安，又可以讓人的自我感覺良好，如果說獨特感是戀愛裡最強大的感受，我覺得一點也不為過。

要加強對方獨特性的方法，就是讓他感覺到「妳只有對他是這樣」，不管妳是透過言語還是行為，或是說個故事給對方聽都無妨，用妳喜歡的、擅長的方式就好。而且更奇妙的是，每個人覺得自己特別的原因都不同，不只正向的對待會讓人覺得自己特別，有些人是對他特別任性、蠻橫、嬌縱，他反而覺得自己與眾不同。

那要如何洗白呢？首先，妳得先知道對方在意的可能是什麼，然後告訴他一個「妳其實不是這樣」或「妳之所以會是這樣」的故事。有時候別人的疑慮是妳本身給人的既定印象，照理來說，如果妳展現的面向足夠多元，那麼應該不會是什麼大問題，但假設對方就是對妳成見很深，那麼妳就要再度展現反差感，來洗刷妳的污名。

但如果妳還真的就是這樣，那麼也不用裝了，直接讓對方知道為什麼妳會這樣就好。舉例來說，我有個朋友去吃飯很愛打包回家，有些人會覺得他這樣很小氣，但其實是因為他小時候家裡被倒過會，有很長一段時間家裡餐桌上都只能看到白飯配醬瓜，所以從那之後他就變得很珍惜食物。這就叫作「這個人之所以會這樣」的原因。有時候有些特點，就真的是妳的個性，那就不需要去掩飾，但妳可以讓對方知道妳是怎麼想的、妳經歷過什麼，讓對方能更理解妳。

除了強化獨特感和洗白以外，還有一件事是在這個階段要做的，就是流程裡的決定要素。

「洗白」屬於決定要素裡的降低阻力，而增加驅力的，則是大綠燈，簡單來說，就是讓對方產生一個巨大的瞬間心動感。這個大綠燈看妳是要告白也好、送禮也好，只要記得兩個原則：一，不要期待妳綠燈一砸出來，對方馬上就要跟妳交往，妳的目的只是讓他對於關係進前有更多的安全感，不怕自己提出交往要求會被打槍；二，不要太誇張，只要有誠意就好了，浮誇線的應用（P.181）也可以放在妳的實際行為上。

離開

行動指標：妳主動提過要不要交往但被拒絕，或是對方一直搞小動作刺激妳

基本上，如果前面兩個階段妳都有好好進行，上個步驟也有確實執行，其實就可以跳過這裡，坐等交往。但如果妳等到花兒都榭了，綠燈也給得足夠，對方卻遲遲沒有行動，那麼妳就可以考慮開始實施這個步驟。

離開的形式有三種：一，一段時間完全且突然的消失；二，聯絡的頻率及熱度降低，呈現若即若離的態度；三，出現潛在競爭對手。

第一種，一般是用在對方做了什麼讓妳火大的事時，妳可以選擇直接消失三或七天，完全不理會對方。等到妳再次出現的時候，也不用解釋自己前幾天去了哪，就像妳三天沒密妳朋友，也不會突然跟他解釋妳的行蹤一樣。

很多人會擔心：「如果我三天不跟他聯絡，他就跑了怎麼辦？」同學，請妳想想，如果妳喜歡的人不見三天，妳會突然就不喜歡他嗎？還是妳會一直煩惱對方到底去哪了？如果有這麼多人都可以在對方失聯三天後不再喜歡對方，就不會還有這麼多人有感情困擾了。請妳放心地實施妳的計劃，如果對方就此不喜歡妳了，那麼也是他一開始就沒有多喜歡妳。

第二種是熱度降低，不再把這麼多時間花在對方身上，重心拉回自己的生活。雖然回應頻率減低，但仍然友善有禮貌，和對方相處也是開心的，只是時間比重的調整而已。它適用於妳已經開始對對方失去耐心的時候。

第三種是異性刺激。平常就要鋪梗，讓對方知道妳身邊有哪些常出現的異性，然後在這個階段裡讓對方知道：這些人的動作越來越多、出現得越來越頻繁，而且妳也不排斥！讓他知道：「你再慢慢拖沒關係啊，老娘現在喜歡你是現在的事，你就拖到哪天老娘被人家追走吧你！」讓潛在競爭對手浮上檯面，用以刺激對方的緊張神經。

切記，如果對方態度都很良好，沒事不要離開，好好去跟對方相處，搞清楚他顧慮的是什麼。如果對方缺乏的是勇氣，而妳給的綠燈又真的已經夠多了，或是對方就是什麼都想要，但又不想負責，那麼就果斷地離開吧！

破關

行動指標：妳如果覺得已經夠曖昧了，但對方卻還死活不提出交往提議

都到這裡了，我們要做的事情也就只剩下確認關係了。如果對方是個比較主動積極的人，那麼妳就給他足夠的暗示，讓他自己提出就好；如果對方是個比較沒信心、謹慎、有不良經驗的人，那麼妳也可以選擇自己問他要不要交往。

很多女生都會覺得，交往這種事應該要由男生來提，但我看過很多膽小鬼，明明女方已經給了像元氣玉一樣巨大的綠燈了，還是不敢開口。所以如果妳不慎喜歡上這種對象，那麼妳就自己提吧！

那麼如果妳提了，對方卻拒絕了，怎麼辦呢？很簡單，先搞懂對方拒絕的原因是什麼，或許對方只是還需要更多時間觀察，那麼你們就保持像之前一樣的關係，繼續相處下去，給對方更多時間好好思考，不要急著逼人家就範。在維持和之前一樣開心地相處一個月後，如果對方也沒提交往，那麼妳可以再問一次。如果他還是不同意，而且也沒提出更詳細的原因，感覺只是在拖延時間，那麼請回到上一個步驟。

如果對方是因為覺得有些地方不適合，也請妳尊重他，而不是強制說服他。有些妳覺得不重要的事，對別人來說是很重要的。請妳一樣保持良好的相處，然後試著和對方討論該怎麼調整相處方式，試試看這些對方認為不適合的點是否可以被克服。

最後，假設對方就是各種狗屁倒灶的藉口一堆，或是看起來也沒打算進入穩定關係，那麼就果斷放生，不要可惜妳的感情，因為這種情況即使交往，也有極大的機率只是在浪費妳的青春。

如果這些問題都克服了，這本書也可以功成身退了。恭喜妳進入交往關係，並且準備面臨下一個名叫「長久關係」的難題啦！

很快的，又來到了尾聲。

其實呢，在這本書裡，我最想要跟妳說的，並不是「男人喜歡什麼」、「該怎麼攻略男人心」或「這麼做，妳也可以成為小妖精」。

我的學生都知道，比起學生到底有沒有交到男女朋友，我更重視的事情是學生是否快樂、他們是否能讓自己過得自由自在，懂得照顧好自己，並且好好的陪伴自己渡過每一天。

人們之所以想談戀愛，不管是因為希望有人陪伴、有人互相照顧、有人可以依靠、有人可以包容接納自己，最終的目標都只有一個，那就是讓自己感到快樂。

但不管我們和一個人再怎麼相愛，或許未來某天也會分手，即使相伴一生，最後終將遇到生離死別。唯一能陪著我們走完人生旅途的，最後還是只有自己。

所以對我來說，如何好好的對待自己、讓自己快樂，是一件遠比「怎麼跟這個人在一起」更為重要的事——如果妳談戀愛是為了快樂，那何必非得等一個人來成就妳？

我希望所有看這本書的人能夠明白：妳的人生該是自由的，因著妳的自由，妳能夠有無限的選擇。

雖然我在書裡說明了很多細節、方法，但那是為了提供給妳另一種或許妳沒想過的選擇，它們都不是戀愛裡唯一的答案。

每段感情都像一張純白的畫布，任何人都有權利決定在自己的畫布上，塗抹什麼顏料。妳可以隨心所欲的在妳的關係裡，做任何妳想做的事情，只要不傷害別人、不違法，沒有人可以說妳什麼。

人們明明可以依照著自己的心意，去談任何一種形式的戀愛，但我們卻總是為了目的而失去了自由——我們總是以為只要跟這個人在一起就會快樂，所以我們在過程裡忍受著各種令人不舒服的對待、壓抑著自己的念頭，只為了換得一個「交往」的結果。而最終，這個結果往往也不會讓我們快樂太久。

如果我們想談戀愛是為了快樂，那麼在這個痛苦過程裡，我們催生出的，真的是會讓我們快樂很久很久的感情嗎？亦或是另一段苦難的開始呢？

快樂從來都不會是由另一個人給予妳的，所以也不存在「唯有跟這個人在一起我才會快樂」這種事。那些「沒跟這個人在一起」所產生的不快樂，跟對方根本沒有關係，那都是妳自己內在倒因為果的糾結。這種時候妳該想的不是「怎麼跟對方在一起」，而是「為什麼我會因此這麼痛苦」。

一旦我們不再需要透過特定人物、特定方法才感覺到快樂，那麼我們的人生、我們的感情就自由了。我們可以做自己想做的事、說自己想說的話、照著自己當下的感受和想法去表達自己，不再受到內心那些恐懼的侷限。我們不用擔心如果怎麼做，就會失去什麼、就會得到不好的結果，而是能夠更遵從自己內心的感受，做出能夠尊重對方，但也照顧好自己的決定，這才叫作愛自己、這才叫作自由。

以前看到奧修在《愛》這本書裡說到：「愛是自由。」時，我以為指的是不要干涉對方。現在我發現，所謂的自由，是讓彼此都能夠在遵從自己本心，以及尊重對方的情況下，做出任何想要的選擇。

我希望閱讀這本書的妳，也能夠得到自由。

這本書要給妳的不是教戰守則、不是教條，只是參考。妳不需要將它奉為圭臬，這不是我想傳達給妳的，我只想要妳知道，原來兌現理想關係時，自己還擁有這些選項。

我的老師曾經跟我說過一句話：「這個世界上沒有正確的人生，只有你喜歡的人生。」我也想讓人們知道：感情沒有所謂的標準作法，也沒有正確的通道，沒有人能向妳保證怎樣才能獲得妳想要的幸福。所以，請妳去決定妳喜歡什麼樣的戀愛，並且去談一段妳喜歡的戀愛。

只要妳快樂了，那麼妳就會找到讓妳更快樂的對象、談一場更快樂的感情；只要妳懂得尊重自己了，那麼妳就能學會怎麼尊重別人，而別人也知道如何尊重妳；只要妳能照顧好自己了，妳就會知道別人希望怎樣被對待，而別人也會同樣的對待妳。最後，妳終會找到一段屬於妳的美好的感情。

祝好

特別感謝

特別感謝好友 Ada 讓我知道數線有多好用，讓我想到那些以往我覺得很難解釋的東西，可以怎麼樣用圖畫的方式來表達，不然這本書可能會變成只有我自己看得懂的天書。

也感謝聲音表達訓練師周震宇老師的聲音教學，以及羅鈞鴻老師（小虎老師）協助校對內容，讓我能夠將「聲音」這麼重要的環節，得以用比較清楚有條理的方式在書裡呈現。

感謝劉揚銘老師的啟發，讓我這次發願成為一個不拖稿的人，不再為難編輯。

最後感謝所有的女性，讓我透過觀察或親身經歷的方法，發現了這些大家都在做、卻沒人知道怎麼講的秘密。

優生活104

愛情，不只順其自然：
主動、被動，不如有技巧的互動

作　　者——AWE 情感工作室・亞瑟
主　　編——楊淑媚
封面設計——張巖
內文設計——林曉涵
校　　對——亞瑟、楊淑媚
行銷企劃——謝儀方

第五編輯部總監——梁芳春
董 事 長——趙政岷
出 版 者——時報文化出版企業股份有限公司
一〇八〇一九臺北市和平西路三段二四〇號七樓
發行專線——（〇二）二三〇六六八四二
讀者服務專線——〇八〇〇二三一七〇五
（〇二）二三〇四七一〇三
讀者服務傳真——（〇二）二三〇四六八五八
郵　　撥——一九三四四七二四　時報文化出版公司
信　　箱——一〇八九九　臺北華江橋郵局第九九信箱
時報悅讀網——www.readingtimes.com.tw
電子郵件信箱——yoho@readingtimes.com.tw
法律顧問——理律法律事務所　陳長文律師、李念祖律師
印　　刷——勁達印刷有限公司
初版一刷——二〇二〇年七月十七日
初版十三刷——二〇二三年七月六日
定　　價——新臺幣三二〇元

時報文化出版公司成立於 1975 年，並於 1999 年股票上櫃公開發行，
於 2008 年脫離中時集團非屬旺中，以「尊重智慧與創意的文化事業」為信念。

愛情,不只順其自然：主動、被動,不如有技巧的互動 / AWE情感工作室, 亞瑟作. -- 初版. -- 臺北市：時報文化, 2020.07 面；　公分
ISBN 978-957-13-8286-9(平裝)

1.戀愛心理學 2.兩性關係
544.37014　　109009538